Mme Arthur

Vol. 1

Mme Oliphant

Writat

Cette édition parue en 2024

ISBN : 9789359941325

Publié par
Writat
email : info@writat.com

Contenu

CHAPITRE I.

« Est-ce que je suis M. Curtis ici ? » dit une voix à la porte.

La porte était si proche du salon que toutes les demandes qui y étaient faites étaient facilement entendues et même répondues de l'intérieur ; et, en effet, Mme Bates avait l'habitude de crier une réponse quand elle se trouvait au-delà des forces de la fille ou de la petite servante qui ouvrait. Mais cette question ne présentait aucune difficulté. Cela a été suivi d'un rire chaleureux de la part de la famille rassemblée.

« Je devrais penser qu'il l'était… plutôt ! dit Charley Bates, le fils ; et « Demandez à Nancy », a déclaré Matilda, la fille aînée.

Il y avait un nombre considérable de personnes dans le petit salon, à savoir M. Bates dans son grand fauteuil d'un côté du feu, sirotant du rhum et de l'eau et lisant un journal mou et froissé à cause de l'usage du journée au pub le plus proche; et Mme Bates de l'autre, assise entre la cheminée et la table, raccommodant les bas de la famille. Charley lisait un vieux roman jaune derrière sa mère, et Matilda confectionnait son bonnet d'hiver avec une quantité d'étoffes dans un grand morceau de papier posé sur la table recouverte d'un tissu rouge et vert. C'était octobre, et il ne faisait pas froid, mais il y avait du feu, et une suspension à gaz branchée avec deux lumières jetait de la chaleur ainsi que de la lumière dans la petite pièce voisine. Il y avait une autre fille, Sarah Jane, qui allait et venait autour de la table, faisant de temps en temps des incursions dans la cuisine ; et derrière le dossier, dans un coin, sur un canapé en cilice noir adossé au mur, étaient assis les deux amants. Personne ne mettait en doute le fait qu'ils étaient un couple d'amants, et leur aspect actuel ne rendait pas cela incertain. Ils étaient assis l'un à côté de l'autre, parlant à voix basse ; une de ses mains serrées dans la sienne, son bras, selon toute apparence, autour de sa taille. Mathilde les cachait un peu, leur tournant le dos, ce qui donnait, ou aurait pu donner, un sentiment d'éloignement au couple et justifiait leur fréquentation trop évidente. Sinon, ils étaient en pleine lumière, le gaz flamboyant dessus ; et il était à peine possible de murmurer une affection qui n'était pas audible. *C'était* une jolie fille, aux cheveux bruns, aux yeux marrons et au joli teint, vêtue d'une robe un peu voyante, coupée très « à la mode », mais qui n'avait pourtant pas l'air déplacée dans le salon chaud, bondé et étouffant. plein d'air chaud et de gaz, et de vapeurs de rhum et d'eau. Elle était la deuxième fille de Mme Bates, appelée Nancy, mais préférant s'appeler Anna, et fiancée à un jeune homme qui était l'élève de M. Eagle, le célèbre « entraîneur », et qui était depuis un an à Underhayes. Il s'en prenait à Nancy Bates depuis tout ce temps, et à présent ils étaient fiancés et faisaient l'amour dans le salon familial maintenant qu'il faisait trop froid pour faire de longues promenades. M. Curtis préférait la promenade, mais Nancy aimait le canapé en cilice. C'était une bonne fille, elle aimait sa famille et elle aimait qu'elle partage son bonheur. Les membres de la famille se ressemblaient moyennement, harmonieux et joyeux, adaptés à leur environnement. Il n'y avait rien d'anormal parmi eux, la confection de bonnets, ou le vieux roman jaune, ou même le rhum et l'eau. Mais il y avait une grande incongruité dans la pièce, c'était le héros, le jeune amant, qui n'avait certainement rien à y faire. Il était vêtu d'une tenue de matinée simple de gentleman anglais, une robe dans laquelle il y a peut-être moins de prétention apparente qu'aucune autre au monde, mais qui montre très distinctement l'état de celui qui le porte. Sa présence dans la pièce mettait tout le lieu en désaccord ; cela rendait le confort étouffant sordide et mesquin ; il réprimandait l'aisance et la gaieté familiales, l'absence de tout déguisement, la franche union familiale. Dans sa personne intervenait un autre élément, quelque chose de plus élevé, qui rendait tout le reste plus bas. Il n'était pas du genre à s'asseoir en public, les bras autour de sa *fiancée*, à portée du rhum de papa et des plaisanteries de maman. Tout le reste allait parfaitement ensemble ; mais il a tout mis dans le mauvais sens.

Et l'effet qu'il produisit lui-même à chaque spectateur, ou qu'il aurait produit s'il y avait eu des spectateurs, fut produit sur lui-même par le son de cette voix à la porte. C'était une voix d'une modulation et d'un ton différents de tout ce qui se passait ici. Même sa Nancy, même s'il était tellement amoureux d'elle, le jeune Curtis se sentit soudain bouleversé et désaccordé ; Il lâcha instinctivement sa main et se releva confus, une rougeur soudaine lui venant au visage.

«C'est quelqu'un pour moi», dit-il soudain embarrassé. Et encore une fois, la famille a ri plus fort qu'avant.

« N'importe quel enfant pourrait le dire, étant donné qu'il vient de vous demander », a déclaré Mme Bates ; « et je suis sûr que n'importe lequel de vos amis est le bienvenu. Trouvez-lui une chaise, les filles, s'il y a une chaise libre de vos falals — et faites-lui entrer, Sarah Jane.

"Je crois que non; si vous voulez bien m'excuser, j'irai vers lui, dit précipitamment le jeune homme. "Je pourrais l'amener, si vous êtes si gentil, une autre fois."

« Il n'y a pas de meilleur moment que maintenant », a déclaré Mme Bates. « Ne soyez pas timide, ne soyez pas timide, ma chère. Vous n'aimez pas qu'il vous trouve avec Nancy ; mais, bénis mon âme, il ne faudra pas longtemps pour qu'on vous voie sans Nancy...

"Oh", dit Nancy elle-même d'un ton impertinent, "s'il a honte de *moi* ..."

« J'ai honte de toi, chérie ! comme si cela était possible, dit le jeune homme en se baissant pour lui parler tout bas ; mais c'est un homme, un ami d'université. Il faut que j'y aille.

Pendant qu'il expliquait ainsi, avec un visage anxieux, et que sa Nancy faisait la moue et secouait sa jolie tête, l'étranger apparut soudain à la porte ouverte.

« Par ici, par ici ! » Sarah Jane avait pleuré, ravie de l'arrivée d'un autre gentleman, et se demandant déjà pourquoi Nancy aurait toute cette chance, et si un mariage n'en amènerait pas un autre.

Le nouveau venu était grand ; il était myope, avec un plissement sur le front et un verre dans les yeux. Il se tenait sur le seuil de la porte et regardait vaguement la scène, sans y pénétrer ni découvrir son ami pour le moment ; mais regardant un peu vaguement, ébloui en plus par la lumière soudaine, le petit espace bondé et le groupe de visages étranges.

« Ah, vous y êtes, Curtis, » dit-il enfin avec une lueur de reconnaissance ; puis s'est tourné vers Mme Bates pour lui présenter ses excuses. « J'espère que vous pardonnerez une telle intrusion. J'avais une commission pour Curtis, et je ne comprenais pas… je ne savais pas…

« Entrez, monsieur, entrez », dit Mme Bates ; « Ne pensez pas à vous excuser, nous sommes très heureux de vous voir. Asseyez-vous, monsieur, et si vous revenez d'un voyage, dites ce que vous désirez, et on vous l'apportera : une goutte de bière, ou une tasse de thé, ou un verre avec mon bon gentleman. Vous voyez, il se met à l'aise. Et le dîner arrive dans environ une heure. Vous pouvez vous dépêcher un peu, Sarah Jane, s'écria la mère hospitalière, si monsieur vient de prendre le train.

« Merci », dit l'inconnu en s'asseyant sur la chaise qui lui avait été réservée ; rien à manger ni à boire, merci, vous êtes trop gentil ; mais je peux attendre que Curtis soit prêt. J'ai quelque chose pour toi, Arthur," dit-il en se tournant à nouveau vers son ami.

"Oh avez vous?" » dit Curtis en se laissant tomber sur le canapé, à côté de sa Nancy, car il n'y avait rien d'autre à faire ; mais il ne lui reprit pas la main et ne reprit pas sa première position. Il s'assit très raide et se redressa d'un coup, s'éloignant un peu d'elle ; mais les jeunes hommes et les jeunes femmes ne s'assoient pas derrière le dos pour rien, malgré la lumière du gaz ; et son air retiré prenait un aspect ridiculement prude et attirait l'attention. La famille Bates regarda l'étranger avec curiosité, et il les regarda avec curiosité. Ni l'un ni l'autre ne connaissaient très bien le *genre* de l'autre, et des deux côtés il y avait un intérêt à moitié hostile qui aiguisait la curiosité. Mais Matilda et Sarah Jane n'étaient pas hostiles. Leur curiosité était chaleureuse de bienveillance. Si Nancy avait si bien réussi, pourquoi pas eux aussi ? Il était tombé entre leurs mains comme une nouvelle proie. Leurs yeux s'éclairèrent, l'énergie de l'entreprise apparut sur leurs visages. Un gentleman est une bonne chose pour les filles de leur condition, bien plus belle en promesses qu'en réalité. L'apparition d'une seconde carrière de ce genre leur fit tourner les têtes. Pourquoi ne devrait-il pas revenir à l'un d'entre eux ?

« Vous avez dû trouver froid en voyage, monsieur », dit Matilda en enveloppant son bonnet dans le journal. « Les nuits d'octobre sont fraîches, n'est-ce pas ? et Underhayes est un petit endroit misérable si vous venez de la ville.

«Je viens de la campagne», dit l'étranger avec son regard myope. Il était un peu vexé, à vrai dire, d'entendre dire si clairement qu'il devait venir de la ville. Avait-il l'air d'un homme venant de la ville en octobre ? — sans penser que la ville signifiait tout ce qui était splendide aux yeux de Matilda.

"Froid!" s'écria Sarah Jane, impatiente de se recommander. « Je suis sûr que ce monsieur pense que cette pièce est trop chaude. Ne devriez-vous pas le dire, Monsieur ? Je ne peux pas le supporter ; ça me donne tellement mal à la tête.

« Allez, les filles, vous n'avez pas besoin de vous disputer », dit Mme Bates de sa voix ronde et enjouée. « Nous vous laisserons libre cours à vos différentes façons de penser. Ton papa aime un coin du feu chaleureux, n'est-ce pas, Bates ? Mais je suppose que ce monsieur vient tout droit du monde de la beauté et de la mode, comme on le dit dans les journaux.»

« En parlant de journaux, Monsieur, » dit M. Bates en posant le sien, « que pensez-vous de la crise actuelle ? Où en sont les choses ? Il y a Rooshia qui menace à l'Est, et quant à vos Khedivy et ce genre, je n'y crois pas. D'après ce que je peux voir, nous serons tous dans une situation difficile si nous ne faisons pas attention.

« Là, là, Bates, rien de votre politique », s'écria sa femme ; une fois que cela a été commencé, personne ne peut dire un mot, et ce monsieur est justement parti en voyage.

Le jeune Curtis restait assis, inquiet, tandis que tout cela se déroulait, comme un chien en laisse, guettant l'opportunité de commencer. La soudaine idée qui lui était venue avec l'entrée de son ami dans cette scène était étrange et très douloureuse. Il était très amoureux, pauvre jeune homme, et quand un homme est amoureux, il est curieux avec quelle facilité il peut accepter les circonstances de sa bien-aimée et les trouver naturelles. Matilda et Sarah Jane l'avaient seulement amusé auparavant, comme d'ailleurs elles amusaient le nouveau venu maintenant ; mais la famille changea entièrement d'aspect à mesure que le jeune homme, qui en faisait presque partie, comprit comment elle devait apparaître à son ami, et vit toute la scène, pour ainsi dire, à travers les yeux de Durant. Cependant, les yeux de Durant, fixant vaguement ce nouveau monde lentement compris, ne voyaient pas à moitié aussi clairement ni aussi nettement que ceux d'Arthur voyaient à travers eux. Il donnait une double force et un double sens aux observations de l'autre, et voyait à travers lui beaucoup de choses que l'autre ne voyait pas. Heureusement — et comme c'était une chance qu'Arthur n'osa pas se dire — Nancy, offensée, n'ouvrit pas la bouche. Il l'adorait, et pourtant il était heureux qu'elle soit offensée, malgré la douleur que cela lui causait. Il ne pouvait pas supporter de la contrarier ou de l'aliéner un instant, et pourtant il était reconnaissant de ne pas être obligé de la voir aussi avec les yeux de son ami. Mais il vit tout le reste, et l' *ensemble* de la pièce, la coquette du village Sarah Jane, et le voyou Charley, et M. Bates avec ses pantoufles, et sentit à quel point c'était étouffant et l'odeur du rhum. Son endurance avait atteint son paroxysme lorsque M. Bates commença à parler un peu longuement de politique. Une fois de plus, il se leva d'un bond.

"Je sais que Durant a quelque chose à me dire", a-t-il crié. « Je pense que je dois vous demander de m'excuser ce soir, Mme Bates. Tout doit céder la place aux affaires.

"Seigneur vous bénisse, ma chère, pas d'un soir", dit la femme géniale. « Ne pars pas. Le souper arrive. Vous connaissez toutes nos habitudes, et j'ose dire que votre ami, M. C'est Durant ? et comment allez-vous, M. Durant, maintenant que je vous connais ? — J'ose dire qu'il nous supportera pour votre bien. Allez dépêcher le dîner, Sarah Jane.

« Il faudra vraiment y aller, » dit le pauvre Arthur ; et il se pencha vers son amour maussade et murmura : « Ne sois pas en colère. Il vient de mon père. Même si je ne peux pas supporter de te quitter, chérie, je dois entendre ce que dit mon père.

"Oh, en effet, ton père!" dit Nancy. « Je vois ce que c'est ; c'est exactement ce que je vous ai toujours dit. Vous avez honte de moi et de mes parents, dès que vous mettez la main sur l'un de vos bons amis.

« Durant n'est pas un bon ami, il est comme mon frère, il sera aussi votre ami », murmura le jeune homme angoissé.

Mais Nancy ne faisait que faire la moue davantage.

« Je ne veux pas de tels amis. J'ai mon père et mon frère pour s'occuper de moi. Vous n'avez pas besoin d'amener ici aucun de vos distingués messieurs.

Cependant, malgré les caresses de Sarah Jane et de Matilda, l'étranger s'était levé également. Il était beaucoup plus grand et avait une silhouette bien plus fine qu'Arthur, pensèrent les sœurs, et il sourit, même si son regard était plutôt vague, les regardant comme s'il ne les voyait pas.

« Vous êtes très gentille », dit-il en tendant la main à Mme Bates, qui se leva également pour la serrer avec une grande cordialité. « J'espère que vous aurez la gentillesse de réitérer votre invitation pour un autre jour, et qu'Arthur me ramènera, lorsque je pourrai profiter de votre hospitalité ; mais je ne dois pas venir parmi vous sous de faux prétextes, ajouta-t-il en riant, car je ne sais rien du rang et de la mode, ce qui est dans la manière d'Arthur plutôt que dans la mienne.

"Oh, monsieur", dit Mme Bates en s'inclinant, "nous savons ce que les messieurs veulent dire lorsqu'ils parlent de cette manière noble."

Ce discours était un tel triomphe de mystification et de confiance géniales que Durant le regarda encore plus et s'empressa de sortir réduit au silence, se sentant incapable, dans son état actuel de perplexité, de faire face à une telle intelligence. Le pauvre Arthur, essayant de saisir la main de sa bien-aimée, essayant par des regards pitoyables de la tirer de sa maussade offense, s'attarda un moment, mais en vain.

« Ne faites pas attention à elle, » dit Mme Bates, « elle reviendra à vous quand vous serez parti. Tout viendra demain. Bonne nuit et que Dieu vous bénisse ! Je m'occuperai de Nancy ; et vous n'avez pas besoin de garder la porte ouverte et moi dans un courant d'air, ajouta-t-elle d'un ton maussade, si vous ne restez pas.

Cela accéléra les pas de l'amant, mais bien qu'il fût heureux de sortir et de laisser l'éclat et les odeurs de cette pièce - si longtemps son écrin de bonheur, si soudainement révélé à lui sous son véritable aspect - époustouflés, c'est impossible de dire à quel point il était malheureux de se séparer ainsi de l'objet de son amour. C'était elle qui lui ouvrait la porte en d'autres occasions, s'attardait avec lui dans l'air frais du soir et lui disait mille fois bonsoir, chaque fois plus doucement que la précédente. C'est du moins ce que pensait le jeune idiot. Mais elle n'avait même pas levé la tête pour lui jeter un dernier regard ; elle n'avait pas dit « Bonne nuit ! » du tout; elle l'avait congédié avec un nuage sur le visage. Comment allait-il supporter cela jusqu'à demain ? et pourtant comme il était heureux que, alors qu'ils avaient tous parlé et se trahi, elle ne se soit jamais soumise à ces réflexions douloureuses et désenchantées des yeux de son ami.

« Bonne nuit, Arthur », dit l'impertinente Sarah Jane ; « et bonsoir, M. Durant. Assurez-vous de le ramener demain. Vous avez promis à maman de revenir demain souper avec nous. Bonne nuit, M. Durant.

Durant a répondu au « Bonne nuit » avec un rire réprimé et s'est éloigné dans l'obscurité suivi par Arthur. Même si la fraîcheur de la nuit était un si grand soulagement après la chaleur intérieure, elle n'était pas géniale, mais pénétrante et terne, avec une touche astucieuse, comme en octobre ; et le ciel était sombre, sans lune, rien que des nuages à la dérive, et la rue de la petite ville n'était pas attrayante. Ils marchèrent ensemble quelque temps en silence, l'étranger étant occupé plus longtemps qu'il n'était nécessaire à allumer son cigare ; mais il n'y eut pas plutôt réussi qu'il le jeta de nouveau.

« Viens à l'auberge, Arthur, cria-t-il ; "C'est un travail inconfortable de parler ici."

CHAPITRE II.

L' auberge d'Underhayes n'avait pas grand-chose à dire, mais le salon dans lequel les deux amis parlaient était plus grand que le salon de Mme Bates, où toute la famille se réunissait et où toute leur existence était terminée. Durant se mit à table pour consommer un simple dîner, un poulet cuit à la hâte, qu'il avait commandé après son voyage, et qui n'était pas aussi savoureux que le souper que Mme Bates lui eût donné ; ce n'était pas non plus un repas si joyeux. Pendant qu'il mangeait, Arthur Curtis faisait les cent pas à l'autre bout de la pièce qui, avec sa moquette nue et ses meubles rares, était encore moins désagréable que la pièce qu'ils avaient quittée, l'endroit où tout son bonheur reposait si longtemps. Peut-être que si le choc avait eu lieu plus tôt, une certaine délivrance aurait été possible, mais au prix d'un chagrin ; mais il n'y avait plus rien d'autre possible que d'exécuter son engagement. Lewis Durant était à la fois honorable et noble, mais il n'était venu avec aucune meilleure intention que d'empêcher son ami de tenir parole, avec très peu de respect pour la parole et aucun pour le bonheur de l'autre personne qui était principalement concernée. . Bonheur d'une fille qui avait embrouillé un jeune homme tellement au-dessus d'elle-même ! qu'est-ce que c'était pour quelqu'un ? Si elle devait être privée de son bonheur, pourquoi, n'était-ce pas entièrement de sa faute ? Mais il n'avait pas encore eu l'imprudence d'aborder cette idée ; il l'abordait progressivement, « acquérant des informations » sur le sujet. Bien sûr, il était naturel que quiconque s'intéressait autant aux affaires d'Arthur que lui souhaitait tout savoir à ce sujet, et il avait vu Lady Curtis elle-même, il ne le cachait pas à son ami, et la mère inquiète était « dans une grande mesure ». .»

« J'aimerais recevoir des nouvelles satisfaisantes, mon vieux, dit-il ; "à la fois pour eux et pour le mien."

« Qu'appelle-t-on une nouvelle satisfaisante ? dit Arthur. Son esprit était dans une agitation sans précédent. Son ancienne vie et sa nouvelle étaient entrées en conflit actif, et lui-même semblait être la marionnette entre elles. Mais au milieu de l'excitation provoquée par ce retour à toutes les habitudes de son ancienne existence, le pauvre jeune homme était malheureux à l'idée d'être parti de son amour sans une parole aimable, sans même un regard qui pouvait résister. à la place de leur bonsoir habituel.

« Eh bien, il est difficile de parler clairement entre vous et eux. Bien sûr, tu sais que cela ne peut pas leur donner satisfaction, Arthur. Ils n'ont pas été conduits étape par étape comme vous l'avez fait… »

"Que veux-tu dire?" » dit-il précipitamment. "Voulez-vous dire le genre de choses vulgaires que disent tous les imbéciles et sur lesquelles *elle* m'a induit?"

"Je ne l'ai certainement pas dit", a déclaré Durant. « Je veux dire qu'ils n'ont pas été habitués à toutes les circonstances comme vous. Votre esprit s'est peu à peu familiarisé avec cette famille, avec tout ce qui la concerne.

« Dites-le clairement ; ne vous souciez pas de mes sentiments, dit l'autre avec amertume, quant à la différence entre Bates, la fille du percepteur des impôts, et le fils de sir John Curtis. Bien! Et quelle est la différence? Tout à son côté ; tout en sa faveur. Elle ne reçoit rien d'autre qu'une beauté supplémentaire de tout son environnement, je… ne faisant pas beaucoup d'honneur au mien.

« Je ne faisais aucune comparaison personnelle, Arthur, » dit Durant avec prudence ; « Je disais seulement – ce que vous conviendrez pleinement – que pris isolément, sans cette connaissance de l'excellence personnelle que je suppose que vous avez ; que la différence des circonstances, la différence des manières, eh bien ! Je ne peux que surprendre, voire choquer, vos amis immédiats.

« Cela signifie que vous êtes choqué et surpris. Le rhum et l'eau de M. Bates étaient trop pour vos nerfs délicats, » dit Arthur avec un ricanement ; "Et pourtant, vous et moi avons vu des choses pires qui ne nous ont pas choqués."

« Arthur, tu veux te disputer avec moi ? ou pouvez-vous supposer que j'aurais dû venir ici si j'avais ressenti le moindre désir ou l'intention de me disputer avec vous ?

Le jeune homme ne répondit pas pendant quelques minutes, puis il se jeta sur une chaise près de la table et dissimula son visage au regard de l'autre, en appuyant sa tête sur ses mains. "Tu ne penses pas que je sais tout ce que tu peux dire?" il pleure; « C'est assez clair. Ils ne sont pas comme nous : il y a en eux des choses que même moi n'apprécie pas. Leurs manières sont plus simples, leurs manières plus simples que celles auxquelles nous sommes habitués.

"Si ce n'était que simplicité", dit Durant en haussant les épaules et en pensant aux caresses des demoiselles Matilda et Sarah Jane.

« Eh bien, » dit Arthur avec un éclat soudain, « appelez-le comme vous voulez, quel nom désagréable il vous plaira, et puis je vous demande qu'avez-vous à *lui dire* ? C'est elle que je vais épouser, pas sa famille. Qu'as-tu à lui dire ? C'est la personne à qui il faut penser. Le vieux Bates est un vieux percepteur d'impôts, et la mère une vieille femme de bonne humeur, et les sœurs flirtent s'il vous plaît ; Je ne dis rien du contraire ; mais qu'as-tu à dire contre la jeune fille elle-même ? Et ELLE ?

« Arthur ! Je n'ai rien à dire; Comment pourrais-je? Elle s'est assise derrière le dos, avec vous pour la filtrer. J'ai vu qu'elle était jolie… »

« Vous avez vu qu'elle était comme un lis qui pousse parmi les mauvaises herbes ; qu'elle était comme une princesse parmi le peuple ; qu'elle se comportait comme la meilleure des dames. C'est ce que vous diriez si vous vous permettiez de dire la vérité.

"Si je parle, je dirai certainement la vérité", a déclaré Durant avec un soupir d'impatience. Pour lui comme pour tout le monde, Nancy Bates n'était qu'une jolie fille ordinaire ; rien de plus.

"Alors parle!" dit Arthur, car s'il est une hypothèse plus intolérable qu'une autre, c'est celle de ne rien dire dans le but d'épargner son ami, comme quelqu'un qui n'a rien d'autre à dire que ce qui est désagréable.

"Vous me pressez trop fort", a déclaré Durant en souriant. « Que puis-je dire après ce que vous avez dit ? Arthur, cette fille est peut-être une Una, d'après ce que je peux dire – comme tu veux me faire croire qu'elle l'est ; mais comment puis-je le savoir ? Je vois qu'elle est jolie ; mais je ne la connais pas ; comment puis-je deviner quel est son caractère ? Elle est peut-être tout ce que vous pensez ; mais tout ce que *je* peux comprendre, c'est que c'est une jolie fille, assez intelligente pour tenir sa langue.

Arthur devint rouge et pâlit pendant que son ami parlait ; sa lèvre s'enroula sur ses dents avec un ricanement furieux, presque comme le grognement d'un chien.

« Ne pensez-vous pas, dit-il avec un semblant enragé d'extrême civilité, que lorsque vous parlez d'une dame qui est sur le point de devenir ma femme, vous pourriez parler d'elle sous un autre nom que celui de « la jeune fille ». .'
»

« Par Jupiter, tu es trop bon ! » dit Durant, à moitié en colère, à moitié amusé, « que dois-je dire ? Vous l'avez vous-même traitée de fille, et c'est ce qu'elle est ; les princesses aussi.

«Je lui donne bien des noms qu'il ne serait pas étrange de lui donner,» dit Arthur, «et je pense, peut-être, dans l'ensemble, qu'il serait préférable de ne pas me favoriser avec votre opinion sur ce sujet. Vous ne voudriez pas, je suppose, me donner votre opinion franche sur ma mère, par exemple, quelle qu'elle soit, et cela est également inutile de la part de ma femme.

« Comme il vous plaira », dit Durant offensé ; puis il y eut une pause temporaire, pendant laquelle l'étranger, repoussé à cette occupation, grignota une croûte avec une ferveur indignée, et Arthur resta assis à côté d'un air maussade, se tenant la tête dans ses mains. C'est Durant qui fut le premier à se relever. L'homme qui se trouve dans la position suspecte de conseiller et de réprimandeur se met naturellement en colère plus tôt que celui qui est conseillé et réprimandé. Il dit d'un ton conciliant : « Pourquoi devrions-nous

nous disputer ? Je ne peux pas avoir le droit de désapprouver votre choix. Je ne suis pas ici en tant qu'agent de votre famille, Arthur, qui pourrait avoir le droit d'intervenir, mais seulement en tant qu'ami. Je ne peux rien souhaiter d'autre que ce qui est pour votre bien.

«Pour mon bien!» dit le jeune homme entre ses dents ; puis lui aussi se lissa. « Je ne veux pas me disputer, Durant ; mais si ma mère pense qu'on doit me dicter… ou si l'un de mes amis suppose qu'il peut en venir à paraître surpris et critiqué, même s'il ne dit rien… »

« C'en est trop », dit Durant en riant ; « Si vous voulez donner à mes yeux un sens que la nature leur a refusé, que puis-je vous dire ? Moi qui ne vois presque rien, regarder la critique est un peu trop forte pour une vieille taupe aveugle comme moi !

"Les myopes voient bien plus que ce qu'ils possèdent", dit Arthur d'un ton oraculaire, "mais je ne veux pas me disputer." Et puis à nouveau il y eut une pause.

« Répondez-moi à une chose, » dit Durant, reprenant la question après un intervalle ; « Êtes-vous vraiment décidé à épouser cette… madame ? Est-ce que tout est réglé ? Y a-t-il de la place, ou n'y a-t-il pas de place pour quoi que ce soit que je pourrais dire ? »

« Que pourriez-vous trouver à dire ? »

« Ce n'est pas la question, » dit Durant ; quoi qu'il en soit, il est inutile de le dire si tout est réglé. Mais, Arthur, s'il est encore temps… si je peux encore une fois, avant qu'il ne soit trop tard, te parler clairement ?

"Il est trop tard", dit Arthur avec chaleur. « Je dois me marier dans quinze jours ; Je me marierais demain si je le pouvais. En supposant que vous ayez les meilleurs arguments du monde et les meilleures raisons de vous y opposer, pensez-vous que je lui briserais le cœur et le mien à cause de vos raisonnements ? Oui, tout *est* réglé et rien au monde ne peut y changer.

Il se leva tout en parlant et se promena dans la pièce d'un air de défi. Puis il revint là où était assis son ami et s'assit sur un coin de la table en balançant les jambes.

«Tout de même», dit-il avec un rire d'affectation et de bravade, «j'aimerais entendre ce que vous avez à dire contre cela. Cela pourrait être nouveau et amusant, peut-être.

"Je n'ai pas la moindre envie d'être amusant."

« Oh, impressionnant alors – c'est aussi bien ou mieux ; impressionnant, éloquent ! écoutons, Durant. Je voudrais un spécimen du grand style que vous gardez pour vos cas les plus graves.

« Le vôtre n'en fait pas partie », dit calmement Durant ; « le vôtre est assez simple. N'allons pas plus loin, Arthur ; nous en serions de nouveau aux mains, et cela ne répondrait ni à mon dessein, ni au vôtre non plus.

« Alors vous refusez de me dire ce que vous êtes venu dire ici, bien sûr. Votre plaidoyer ne peut pas être très puissant cette fois, ni votre mémoire valoir grand-chose, » dit Arthur avec une feinte de mépris pleine d'aggravation. Cela a ému son ami plus que tout ce qui l'avait encore fait.

« Mon mémoire, a-t-il déclaré, n'a pas été préparé comme le sont la plupart des mémoires. Il me semble que vous n'êtes même pas digne d'en entendre parler. « Prouver le coupable coupable » est ce que prescrivent la plupart des mémoires, mais celui-ci était « Prouvez-le innocent ; que ses juges eux-mêmes voient qu'il a raison et qu'il n'a pas tort. Telles étaient mes instructions ; ils ne ressemblent pas beaucoup à l'idée que vous en avez ; ils ne méritent pas non plus d'être reçus de cette manière.

Arthur se releva de nouveau de son siège et se promena dans la pièce, agité et incertain.

« Dis ce que tu as à dire », dit-il ; « Je ne vous interromprai pas. Laissez-moi tout entendre.

« Je vous ai déjà dit que, si tout est réglé et si votre décision est prise, il serait insensé de continuer. S'il y a un espoir, je parlerai. Arthur, dit soudain Durant, vous êtes très exigeant, très difficile à satisfaire dans les cas ordinaires. Pensez-vous que vous pourrez vivre avec les bonnes personnes que nous avons vues ce soir ?

« Pourquoi devrais-je vivre avec eux ? ils n'ont rien à voir avec ça. Une femme vient avec son mari. *Ils*, quels qu'ils soient, sont tout à fait hors de question. Il faut penser à elle, et à elle seule.

« Avez-vous déjà pensé, Arthur, que si *elle* – la dame – est un personnage aussi noble que vous le pensez, elle n'abandonnera pas son propre peuple pour vous ou pour qui que ce soit ? Je ne devrais pas me soucier qu'une femme fasse ça pour moi. Je pense qu'elle aurait de bonnes raisons de me juger sévèrement après, si je manquais à mon triple devoir envers elle. Dans un tel cas, vous devriez être père et mère, et mari aussi.

« Et c'est ce que je veux être, c'est ce que je suis ! Que sont pour moi père et mère maintenant ? J'ai formé un lien qui est au-delà de tous ces liens mécaniques, compris, dans lesquels il n'y a pas de choix de la part de l'enfant ; et elle ressentira ce que je ressens.

« Les femmes ne font pas toujours cela », a déclaré Durant ; « Et moi, pour ma part, je ne les aime pas quand ils le font. Supposons, pour les besoins de l'argumentation, que ce ne soit pas le cas, que devriez-vous faire alors ? Cela vaut la peine d'être pris en considération.

« Elle serait sûre de faire ce qu'il y a de mieux ; et si c'est tout, nous pouvons facilement dérouter votre contre-interrogatoire, Durant. Vous n'êtes pas doué pour intimider les témoins, dit Arthur, le cœur se soulevant malgré lui. "Demandez-moi quelque chose de plus difficile que ça."

« Il faudrait vivre », dit l'autre. « Je ne pense pas que ce soit plus difficile, mais vous n'êtes peut-être pas de mon avis. Comment vas-tu vivre ? sur votre allocation, qui n'a jamais été de trop pour vous seul ?

« Deux n'en dépensent pas plus qu'un », dit le catéchumène en reprenant ses esprits ; « et elle n'est pas dépensière comme moi. Elle a été formée pour faire un petit bout de chemin. Elle réduira mes dépenses au lieu de les augmenter.

"Pourtant, deux en mangent plus qu'un, pour le dire sur le terrain le plus simple."

"Manger! c'est comme toi, Durant. Comme vous en savez peu ! Est-ce pour manger qu'on dépense son argent ? En ce qui concerne cela, vous pouvez dire ce que vous voulez. Il n'y a rien en *toi* , mon vieux, qui puisse effrayer qui que ce soit. Allons, je pardonne vos objections à mon bonheur quand je vois combien vous avez peu à dire.

"Tu es donc sûr, tout à fait sûr, que c'est ton bonheur, Arthur ?" Durant se leva et posa ses mains sur les épaules de son ami, le regardant avec un visage plein d'émotion. « Tu es le frère le plus proche de tout ce que j'ai jamais connu – frère, ou sœur, ou les deux ensemble. Tu es sûr, mon garçon, tu es sûr ? Le bonheur est une chose sacrée. Je n'y toucherais pas, je ne lui ferais pas de mal. Es-tu sûr?"

"C'est sûr que je l'aime, Durant."

L'homme plus âgé lâcha ses mains de l'épaule de l'autre et se détourna avec un soupir. Qu'il s'agisse du regard à demi inspiré qui apparut à ce moment sur le visage d'Arthur, ou de la ressemblance de ce visage avec un autre, ou de la supériorité sur lui-même de ce garçon à qui il avait fait la leçon, et qu'il avait si souvent sermonné, quoi qu'il en soit. » Il se détourna, avec quelque chose qui rendait sa vue plus incertaine que jamais, montant dans ses yeux.

"Alors je ne peux rien te dire", dit-il d'une voix tremblante d'émotion. « Je ne peux rien te dire ! Je ne me mêlerais pas de cela, à tort ou à raison, si cela devait me coûter le mien.

« Le tien, mon vieux ? » s'écria Arthur avec l'effusion de la victoire. « Hourra pour l'amour ! C'est la chose pour laquelle il vaut la peine de vivre. Êtes-vous aussi en Arcadie ?

Durant n'a fait aucune réponse. Il alla à la fenêtre et regarda la nuit noire et les lampes allumées ; puis retourna à sa chaise. Quelle que soit l'agitation qu'il y avait eu sur son visage, il s'en était débarrassé. Ni rougeur ni sourire n'apparaissaient sur son visage sérieux, ni aucune autre manifestation de sympathie. Arthur le regarda et éclata de rire excité.

« Vous ne ressemblez pas vraiment à un berger chanceux », dit-il. "Amour! c'était une mauvaise supposition ; c'était la loi, j'aurais dû dire : des mémoires et des honoraires, et une robe de soie à la fin ; c'est ce qui vous émeut.

– Oui, oui, dit vaguement l'autre ; « C'est ça. Le mien n'est pas un cas correspondant. Tu as toujours été plus chanceux, plus brillant que moi, et je ne t'en veux pas, Arthur. Votre bonheur (si vous êtes heureux) sera pour moi presque aussi bon que le mien. Mais je ne pense pas que l'un ou l'autre soit très probable pour le moment, poursuivit-il en changeant brusquement de ton ; « C'est le fait. Je ne vais pas bien, et, mon garçon, tu vas mal. Je le dirai une fois pour toutes. Vous vous trompez. Vous êtes le dernier homme au monde à faire ce genre de chose. Vous vous en repentirez tôt ou tard. Ne me regarde pas comme si tu me prenais pour un imbécile, avec ce visage hautain. C'est toi qui es le fou. Vous allez faire ce que vous souhaiterez défaire tous les jours de votre vie.

"Pendant!" s'écria Arthur furieux, sautant de son siège et levant le bras comme pour un coup.

Son ami se leva face à lui en croisant les bras. Son visage avait rougi d'une lueur momentanée de passion pendant qu'il parlait. Maintenant, il se calma et pâlit à nouveau, et il se tenait debout, dans sa force supérieure, regardant calmement l'être plus léger qu'il avait momentanément éveillé en fureur. Le poing fermé du jeune homme tomba à ses côtés. Il se détourna, en colère, mais maîtrisé.

"Personne au monde n'ose parler ainsi", dit-il, "et même de votre part, je ne le supporterai plus jamais."

« On n'aura pas besoin de vous », dit tristement Durant. « J'ai dit une fois pour toutes ce que j'avais en tête. Maintenant, je te connais assez bien, tu vas faire ce que tu veux, Arthur, et avec d'autant plus d'entrain. Et quand tu auras payé ton bonheur et que tu en auras trouvé le fond, tu reviendras vers moi.

"Je pense que vous présumez un peu trop de notre longue amitié", dit Arthur en saisissant son chapeau. "Bonne nuit; il y en a assez. Les choses iront vraiment mal avec moi, je vous le promets, si, après votre discours, je reviens jamais vers vous.

Il se précipita hors de la pièce avant que l'autre puisse répondre. Durant se dirigea vers la fenêtre et s'occupa de lui avec une lueur mélancolique de pitié et de tendresse sur son visage.

"Je me demande combien de temps cela prendra en premier?" il s'est dit.

CHAPITRE III.

L EWIS DURANT était l' *ami de l'enfance* d'Arthur Curtis. Il avait toujours été un peu plus grand, un peu plus fort, un peu plus stable, car il était un peu plus âgé que son ami. Ce n'était pas un jeune homme de famille comme Arthur ; et Lady Curtis, qui avait des tendances philosophiques, avait suscité de nombreuses critiques sociales par le fait, commenté en riant, que le fagmaster de son fils à Eton, et Mentor dans la vie, était le petit-fils du grand sellier avec lequel Sir John et son nos prédécesseurs traitaient depuis des lustres. Les Durant, qui étaient français d'origine, avaient gagné beaucoup d'argent dans ce commerce, et l'un des fils avait été nommé ecclésiastique. C'était le père de Lewis, qui avait été élevé dans le même luxe que son ami ; mais de malheureuses spéculations de la part de son père avaient changé tout cela à ce moment-là, et le jeune homme se frayait maintenant un chemin au barreau, avec très peu de moyens pour entretenir la guerre, et aucun de ces appuis de bonnes relations qui aident l'aristocratique. pauvres de garder la tête hors de l'eau. Il possédait une maison au fond d'un des comtés de Midland, où le recteur, autrefois capable de se défendre contre les meilleurs de ses voisins de campagne et considéré comme un très bon homme, était tombé au niveau parsonique ordinaire, sans aucun terrain stable au-delà de lui, et peu de droit à une haute considération sur ce terrain. Pour le révérend M. Durant n'était pas un très bon ecclésiastique. Ce n'était pas le but de sa vie de le devenir ; mais plutôt pour effacer de tous les esprits, par sa vie luxueuse, ses voitures, ses vérandas, ses dépenses de toutes les manières, qu'il était le fils du sellier bien connu ; car le but de ce sellier était de faire progresser son fils dans la vie et de le faire membre de la classe supérieure en faisant de lui un ecclésiastique. Tout le monde en était bien conscient lorsqu'il était riche ; mais, naturellement, chacun en devenait encore plus conscient lorsqu'il devenait pauvre ; et comme sa richesse avait été son principal point d'appui, et qu'il n'avait pas beaucoup de valeur ou de bonté, ni aucune activité pour gagner du crédit dans sa paroisse, la chute était presque complète. Et la femme qu'il avait épousée n'était rien de plus qu'une partenaire idéale pour un tel homme ; de sorte que lorsque Lewis, leur unique enfant, devint assez vieux pour considérer la maison comme autre chose qu'un endroit joyeux où passer des vacances, l'esprit raffiné et délicat du garçon eut subi un choc sévère. Comment se fait-il qu'il possède un esprit raffiné et délicat est une question totalement différente, et sur laquelle nous n'avons pas besoin de nous interroger ; mais l'effet sur lui de la richesse ostentatoire, voyante, somptueuse et paresseuse dans le premier cas, et de la pauvreté inutile, négligée et languissante qui suivit, fut assez remarquable. Beaucoup de choses se passent de contraires dans ce monde pervers, et rien de plus commun que les habitudes des parents et des enfants. En Ecosse, c'est devenu un proverbe qu'une mère active a une fille indolente. Le courtisan insinuant et fade doit lutter contre la brusquerie ou la grossièreté de son fils, et même la vertu a très souvent une faiblesse morale, sinon pire, pour son prochain descendant. Dans le cas de Lewis Durant, la contradiction était heureuse. Dégoûté par les loisirs sans but et le néant de la vie paternelle, le jeune homme se lança dans le travail avec un zèle et une passion rarement rencontrés. Il n'avait pas d'amis dans la famille dans la classe dans laquelle il avait été élevé, et ses amis personnels étaient de son rang, eux-mêmes trop jeunes et inexpérimentés pour aider les autres ; mais il ne s'en souciait pas ; il s'était jeté dans le travail de sa profession, le barreau, pour lequel il avait été formé comme son père avait été formé pour l'Église, comme métier de gentleman, métier qui n'est pas incompatible avec la possession de beaucoup d'argent. , et ne nécessitant pas d'être entretenu par l'homme heureux qui n'était pas obligé de travailler pour son pain. Peut-être que l'énergie du vieux sellier était entrée dans les veines de Lewis, transmuée en une sorte d'or potable, en élixir de force et de vie. Si tel était le cas, il avait clairement « subi un changement radical en quelque chose de riche et d'étrange », car il n'y avait aucune avidité d'or, aucune soif de richesse dans l'esprit du jeune homme. Au contraire, s'il n'avait pas connu avec force les nombreuses bonnes choses que l'argent peut faire et que l'absence d'argent empêche de réaliser, Lewis aurait détesté l'argent, tant il était associé à tout ce qui l'avait le plus irrité et humilié. Mais l'argent n'est pas une chose à dédaigner, et il avait trop de bon sens et trop d'honnêteté pour feindre. Il travaillait avec une concentration de force et un effort constant qui s'intensifiait à chaque fois qu'il visitait l'absence de but de sa maison. Il était revenu de cette maison maintenant et l'avait quitté, comme il le faisait toujours, impatient de se reposer, désireux de se replonger dans le combat actif de la vie, de mettre à rude épreuve les muscles et les tendons, ainsi que toutes les facultés de l'esprit et du corps.

C'était l'homme qui, depuis qu'ils étaient enfants, était le principal ami d'Arthur Curtis. Il était lui-même le fils unique de Sir John, un véritable potentat rural, un homme dont la vie était pleine de dignité et de devoir, rendu stable et, d'une manière ennuyeuse, noble, par le fier sentiment d'obligation envers son pays. , son fils et ses personnes à sa charge, comme le donnent parfois une longue descendance et une position élevée. Sir John Curtis était peut-être parfois ridicule, mais il était toujours respectable, visant son devoir d'une manière large, consciencieuse et stupide, dans laquelle il y avait une certaine grandeur obtuse. Il porta cela dans les moindres détails de sa vie, et le résultat fut qu'il était considéré par la plupart des gens comme pompeux et admiré par certains comme la principale source de comédie sérieuse dans son quartier. Mais sa vie n'était qu'une version floue, entourée de toutes sortes d'imperfections d'un noble idéal, ce que sa femme et son fils ne percevaient pas toujours, pour qui cependant les défauts de Sir John étaient très évidents. Et Arthur, du moins pour l'époque, était presque aussi contradictoire avec son père que Lewis. Il était léger et insouciant, oisif, insensé mais intelligent, généreux mais égoïste ; le genre de jeune homme toujours en difficulté, souvent dans l'erreur, mais rarement, voire jamais, méconnu. Il avait été oisif à l'Université et n'avait pas obtenu son diplôme, puis était rentré chez lui pendant un certain temps et n'avait rien fait. Et maintenant, cette dernière et la plus grave égratignure de toutes avait été provoquée, pour ainsi dire, par la résolution la plus vertueuse de sa vie. Sa mère désirait sincèrement qu'il entre dans la vie publique, d'une manière ou d'une autre ; et Arthur lui-même avait été ébloui par les chances de la diplomatie, une ouverture dans laquelle il se trouvait devant lui, et était venu maintenant, dans un soudain accès d'industrie et de vertu, pour voir si, avec l'aide d'un « coach » réputé, il pourrait « réussir » ses examens et obtenir le cachet de l'Université, bien que tardivement, imprimé sur lui. Il n'y avait aucune raison particulière pour laquelle il n'avait pas obtenu ce label universitaire auparavant. C'était un érudit passable, et il avait voulu obtenir des honneurs, mais il n'avait pas été assez travailleur pour les obtenir et, avec dégoût, il avait rejeté les normes les plus douces. Ainsi, il était venu à Underhayes avec des intentions meilleures que peut-être celles qu'il avait jamais fermement envisagées dans sa vie ; et voilà ! Nancy Bates était le résultat.

Tout cela était dans l'esprit de Durant, alors qu'après une nuit troublée, il regardait par la fenêtre de son auberge le matin un matin doux et ensoleillé du vrai temps d'octobre, une brume jaune et chaude dans l'air, qui se fondait dans le feuillage mûr en contrebas. et les nuages marbrés au-dessus. La petite ville était incarnée dans les arbres. C'était un peu plus qu'un village, un peu moins qu'une ville ; et, peut-être, était-il devenu plus une banlieue que l'un ou l'autre, étant dans le rayon de Londres et se rapprochant chaque jour de plus en plus de ce centre. La métropole et le village avaient depuis longtemps tendu des bras de rapprochement l'un vers l'autre, et Underhayes était devenu progressivement plus grand et plus proche d'année en année. Il y avait encore une verdure de village au centre de la place ; mais les vieilles maisons avaient pris de nouveaux façades, avaient subi des agrandissements de toutes sortes et étaient devenues la demeure des Londoniens qui se rendaient en ville chaque matin, au lieu des personnes pauvres mais très distinguées qui les habitaient autrefois. Cela représentait un grand gain pour le lieu, et le faisait gonfler et devenir de plus en plus grand ; mais en même temps, c'était une perte et une perte de toute l'originalité, et d'une grande partie de la beauté tranquille, et non peu du confort génial et gracieux qui habitait autrefois autour du green. Tout le monde était plus riche, plus grand, plus vaniteux ; et des divertissements somptueux furent donnés, au cours desquels il y eut beaucoup plus de dépenses mais moins de convivialité qu'autrefois. Les citadins se considéraient comme beaucoup plus intelligents, et certainement plus savants, que les habitants plus âgés, les capitaines et les colonels à la retraite, les veuves et les vieilles filles, et les couples solitaires, qui s'éteignaient maintenant dans l'air trop actif de la ville. le lieu. Mais ces reliques des temps anciens, au moins, rendaient leur mépris avec intérêt, s'ils ne pouvaient pas rivaliser avec eux par d'autres moyens. A mi-chemin entre ces deux sections de la communauté se trouvait M. Eagles, le grand « entraîneur », dont la renommée était dans toutes les écoles et dans tous les services. Il habitait une maison démodée, avec un portail ancien, dont les poteaux étaient surmontés de deux grosses boules de pierre, et qui ouvrait sur un bout d'avenue réelle et clôturait un véritable terrain, quelque chose de plus qu'un jardin. Il s'agissait d'une véritable maison ancienne, dans laquelle avait vécu autrefois un ministre à la retraite. Il était vrai qu'il y avait construit des ajouts, mais ils étaient faits avec bon goût et dans une stricte soumission au style original de la maison, ce qui était considéré comme une sorte d'hommage à la classe antique et conservatrice, par cette classe elle-même. Il avait une grande maison et il prenait des élèves ; mais pourtant cela n'avait rien à voir avec une école, car les jeunes gens ne vivaient pas avec lui, personne sauf le jeune M. Curtis, qui ne devait pas être un élève, qui « lisait » pour obtenir son diplôme et qui était un jeune homme. d'excellente famille et une acquisition pour toute société. Arthur, en sa personne, fut en effet une des principales circonstances conciliantes qui poussa les anciens habitants de Green à tolérer et à recevoir M. Eagles, que les nouveaux habitants considéraient avec respect comme un homme qui avait fait son chemin.

La petite auberge où Durant avait passé la nuit se trouvait en face de la porte aux boules de pierre. Underhayes n'était pas un endroit suffisant pour avoir une bonne auberge. Les gens qui fréquentaient les auberges n'avaient aucune objection à s'y rendre. Ce n'était pas assez loin de Londres, ni assez près ; et il n'y avait pas d'attractions exceptionnelles comme à Kew ou à Richmond. Ainsi, au milieu de tous les changements et améliorations, le Lion Rouge était exactement ce qu'il avait toujours été, un endroit convivial avec un panneau dressé au bord du Green et un banc ombragé par les arbres où ses clients pouvaient s'asseoir et boire leur bière. Et de l'autre côté du Green se dressait la porte de M. Eagle, brisant le haut mur dans lequel sa maison et son terrain étaient enfermés, et d'où jaillissait, dans la richesse des couleurs automnales, par-dessus le mur, une riche bordure d'arbres.

Durant s'est levé avec beaucoup de doutes et d'inconfort mental après une nuit agitée. Il sortit dans l'air doux et venteux, chaud, mais pas tout à fait exempt de la fraîcheur d'une première menace de gel. Des hommes d'épinette passaient de tous côtés, bien brossés et soignés, avec des parapluies délicatement enroulés, des capotes légères, parfois avec un livre ou une liasse de lettres à lire dans le train, allant à leurs affaires - tous marchant avec l'air alerte qui Il parlait d'un but précis et de la préoccupation de quelque chose à faire — ce qui n'interférait cependant pas avec une disposition géniale à entendre ou à rapporter le dernier potin. Beaucoup d'entre eux avaient des fleurs de choix dans leurs manteaux, une touche de poésie qui signifie luxe plutôt que goût, pour adoucir le bureau et montrer l'habileté de leurs jardiniers respectifs. Tout cela était nouveau pour Durant, qui ne connaissait rien des mœurs de la ville, bien qu'il reconnaisse avec respect l'air de travail et d'occupation sérieuse qui suscitait sa sympathie, même si elle ne prenait pas la forme qu'il connaissait. Il les regardait passer, se diriger vers le train ; puis il se rendit compte de l'accalmie et de la désertion du Vert : — la pause momentanée, moitié de regret, moitié de soulagement, au départ de toute cette activité, puis la montée de la deuxième vague de mouvement plus tranquille, les charrettes des commerçants. et les messagers, le boucher et le boulanger partant en tournée. Combien de petits mondes comme celui-ci, chacun complet dans sa propre vanité, se précipitaient sans cesse, inconscients de chacun de ses voisins ! Mais il n'avait certainement pas le temps pour ces réflexions *banales* , occupé qu'il était à des considérations douloureuses quant à savoir s'il pouvait encore faire ou dire quelque chose pour justifier sa mission ici. Que pouvait-il faire ou dire ? Arthur l'avait laissé dans un état d'impuissance – offensé apparemment au-delà de toute rédemption. Il n'en fut pas autant troublé qu'il aurait pu l'être ; car il connaissait Arthur, et qu'il n'était pas dans sa nature de se quereller continuellement, aussi en colère qu'il fût pour le moment. Mais la question était de savoir s'il pouvait faire quelque chose indépendamment d'Arthur, sur qui il ne sentait pas que son influence pour le moment serait très lourde ? Il pensa, avec un sourire, aux débats enregistrés dans une affaire similaire, aux démarches entreprises par les protecteurs d'un autre Arthur – car où, sinon dans la fiction, de telles difficultés pourraient-elles trouver leur meilleur parallèle ? Mais Durant n'avait pas de base solide pour imiter la tactique magistrale du major Pendennis, même si l'exemple lui vint sérieusement à l'esprit. Non, la position d'Arthur Curtis n'avait pas été exagérée et il n'y avait aucune fausse lumière sur le sujet qu'il pouvait dissiper. Il était très perplexe, très dubitatif et anxieux. Il ne pouvait pas quitter les lieux sans tenter quelque chose de plus – mais que devait-il faire ?

Ses pensées étaient ainsi occupées lorsqu'il vit les portes en face de lui s'ouvrir précipitamment et quelqu'un sortir, un petit homme résolu, aux pas courts péremptoires et à l'allure dogmatique. Durant sentit aussitôt que c'était M. Eagles et qu'il venait vers lui ; et il y avait un air de contrariété encore plus prononcé que le sien sur le front du célèbre dompteur et dresseur d'« hommes ». Il traversa le Green à un rythme rapide.

"M. Durant, je suppose ? Je m'appelle Eagles", a-t-il déclaré. « J'espère que vous avez apporté un peu de lumière sur un sujet des plus difficiles. Que faire de ce garçon ?

"Tu veux dire Curtis?"

«Oui, je veux dire Curtis. Rien de pareil ne s'est jamais produit parmi mes élèves auparavant. Je sens mon établissement déshonoré par cela – *déshonoré*, M. Durant. Un exemple donc tout à fait abominable ! En règle générale, je ne m'occupe pas de la morale ou de la conduite des hommes, et je me repens de tout cœur d'avoir reçu celui-ci chez moi. C'était une chose stupide de ma part ; mais un type qui avait fréquenté une école publique et une université, qui aurait cru qu'il aurait pu devenir un tel imbécile ?

"Pardonnez-moi", dit Durant en rougissant, "il a peut-être été idiot, mais il n'est pas idiot."

« Oh, si vous le défendez ! Je pensais que vous étiez venu ici, comme le fait un ami, pour tenter de le convaincre de sa folie.

« Ce n'est pas si facile. N'est-ce pas l'essence même de la folie que de se croire plus sage que tous ses conseillers ? dit Durant avec un soupir. "Puis-je vous demander comment vous avez su que j'étais ici."

« Oh, il me l'a dit ; il y a une certaine franchise chez lui. Et je vous ai vu parcourir le Green, ce qui est une chose inhabituelle à cette heure, et j'ai deviné que ce devait être vous. Je souhaite qu'il s'en aille.

"Aller! Curtis ?

« Oui, Curtis. Je lui souhaite de partir. Il ne fait (bien sûr) rien de bon ici, et l'histoire a suinté, également bien sûr. Comment puis-je savoir qu'un autre idiot ne sera peut-être pas ému par son exemple et se mettra aux pieds d'une sœur ? Je vais avoir une mauvaise réputation. Moi !... parce que votre ami est un idiot sentimental.

"Patience!" dit Durant en riant malgré lui. "Je ne vois pas comment on pourrait vous en vouloir."

« Moi non plus ; mais ils le feront », a déclaré M. Eagles. « De toutes les personnes stupides et déraisonnables sur la surface de la terre, les parents sont les plus déraisonnables. Vous devez emmener votre homme.

« Mais ce n'est pas mon homme. Je n'ai aucune autorité sur lui.

« Vous êtes son ami, vous semblez avoir du bon sens et vous connaissez son père. C'est mon ultimatum : vous devez emmener votre homme. Je n'ai pas le temps d'en dire plus. Bonjour, M. Durant. J'aime la rapidité et j'attends de vous que vous agissez immédiatement en fonction de ce que je dis.

CHAPITRE IV.

D URANT sentit qu'après ce choc il avait besoin d'un peu de calme, pour se rétablir dans ses anciennes pensées. M. Eagles l'avait assailli comme une charge de cavalerie. Il a ri, mais il a été secoué. Il n'était pas en son pouvoir de lui enlever son homme ; en effet, il se trouvait dans la position la plus inconfortable possible, censé occuper une position officielle à l'égard d'Arthur et, en effet, doté de pouvoirs de remontrance et de reproche, mais sans autorité – la circonstance la plus difficile de toutes. Il ne pouvait ni lui enlever son homme, ni même lui faire entendre raison, et pourtant il était plus ou moins responsable de lui ; et pour couronner le tout, son homme s'était brouillé avec lui et avait même rompu les liens d'affection qui les unissaient jusqu'alors. Ceci, il est vrai, ne l'affectait pas autant qu'il aurait pu le faire s'il avait été moins familier avec Arthur, dont il savait qu'il ne pourrait jamais se démarquer ni maintenir la séparation. Certes, Arthur, soutenu par une nouvelle famille, et avec l'animosité possible d'un « groupe de femmes » ajoutée à son offense personnelle, était une personne encore inconnue de son ami ; et même si Durant était bon et ne pensait pas du mal des autres, il ne parvenait pas pour autant à se dépouiller de sa prédisposition naturelle à l'égard du « groupe de femmes » dont les idées devaient désormais, plus ou moins, inspirer Arthur. C'est au moins un compliment pour la puissance mentale des femmes que ce soit la première pensée qui vient à l'esprit de quelqu'un lorsqu'un homme fait, ou semble être sur le point de faire, un mariage inapproprié. L'homme peut être plus sage, plus intelligent, infiniment plus important que la femme en tant qu'être moral ; mais on croit instantanément que toute l'inspiration de sa conduite est *la sienne* . Durant n'avait aucune idée du calibre mental de Nancy Bates. En apparence, bien sûr, on ne pouvait que tenir pour acquis qu'un membre des classes instruites, un universitaire, compterait plus qu'une fille non instruite, la fille d'ignorants. Mais personne ne le pense, et Durant était comme tout le monde. Il commença à se demander quel genre de personnes étaient les Bates et décida finalement d'aller les voir conformément à l'invitation de la nuit dernière. Autant faire même un peu semblant, avec ce motif admirable, et se montrer amical en étant le plus hostile possible. Il n'était pas tout à fait sûr de la grandeur morale de la démarche. Prenez tout cela, en effet, l'effort visant à détourner Arthur de son allégeance sous leurs yeux, pour ainsi dire ; L'inciter à rompre sa parole et à renoncer à sa foi promise n'était pas, à première vue, une démarche hautement morale. Pourtant, Durant, à son arrivée, n'avait pu concevoir quoi que ce soit de plus désirable que cela. S'il avait seulement réussi à persuader Arthur de le faire, non seulement cela n'aurait laissé aucun poids sur sa conscience, mais il aurait également estimé qu'il avait bien fait. La fille elle-même ! Et la fille elle-même ? Elle était une joueuse, jouant avec des enjeux élevés. Quant à ses sentiments, qui était susceptible d'en tenir compte ? Certes, lorsque Lewis Durant ne l'a pas fait (et cela ne lui est jamais venu à l'esprit), il était extrêmement improbable que quelqu'un d'autre le fasse.

Mais cette pensée lui étant venue à l'esprit, il résolut de la mettre à exécution. Il allait voir ces gens, s'informait s'il était possible d'en faire quelque chose, et encore (avec un sourire) il pensait au major Pendennis et à ses négociations les plus fructueuses. Telles étaient les tactiques adoptées par le major, et elles s'étaient révélées parfaitement adaptées à cet objectif. Mais les circonstances étaient évidemment différentes. On ne pouvait rien dire d'Arthur Curtis, à moins que son ami ne soit prêt à mentir en sa faveur, ce qui ébranlerait la confiance de la famille de la jeune fille dans les avantages du mariage. Il était le fils unique de Sir John, les domaines étaient partagés, il n'y avait qu'une seule sœur pour partager même les biens personnels de la famille, et Lady Curtis était très aisée. Tout ce qui pourrait être dit ne ferait que rendre la famille Bates plus sûre que Nancy avait fait une chose admirable pour elle-même, si admirable que rien ne devait se mettre en travers de son chemin. Quelles que soient les objections des amis de l'amant, rien ne pouvait être fait pour supprimer complètement les avantages du mariage, et Durant estimait que la famille serait vraiment idiote de permettre à un intrus comme lui d'influencer son action dans cette affaire. Pourtant, les gens sont parfois insensés, malgré la forte emprise de leurs intérêts personnels, et peuvent être induits à faire un faux pas, même si toutes les incitations sont de l'autre côté. Tout cela traversa l'esprit de Durant, et il ne rougit pas à cette pensée. Cela lui paraissait tout à fait justifiable, voire louable. C'était pour sauver Arthur ; s'il pouvait sauver Arthur en trompant les autres, que se passerait-il alors ? Et quant à la fille ! Parlez de cœurs, s'il vous plaît, dans d'autres conditions de vie, mais du cœur d'une fille du village qui séduit un gentleman pour qu'il tombe amoureux d'elle ! Aussi honnête, honorable et vrai qu'il soit, Durant, curieusement, n'avait toujours aucun scrupule à ce sujet. Aurait-il pu briser le sort d'Arthur comme une baguette magique, il aurait été ravi de lui-même.

Il ne connaissait pas très bien son chemin, ayant parcouru, la nuit précédente, sous la pluie, nombre de petites rues sombres, guidé par les indications vagues de divers guides officieux ; mais il avait une idée de la direction dans laquelle il se dirigeait, et il avait beaucoup de temps devant lui. Il n'était en effet pas allé très loin avant de rencontrer un individu qui aurait facilement pu le guider, et qu'il croisa avec la curieuse conscience qu'il s'agirait ici du membre le plus vulnérable de la famille – une personne non moins que M. Bates lui-même. ; un petit homme gros, vêtu d'une grande cravate blanche, avec un livre à la main, et une apparence de taches d'encre autour de lui, qui trahissait l'existence de ce qu'on appelle par euphémisme des matériaux d'écriture quelque part sur sa personne. L'expression de son visage n'était pas moins caractéristique de son métier. Aucune atmosphère adoucissante de rhum ne l'entourait désormais. Son visage était rouge, probablement à cause de ces longues indulgences du soir, quoique modérées, et ses lèvres étaient pincées et serrées. Il ressemblait au genre d'homme dont les démarches seraient sommaires, qui ne chercheraient aucune excuse, qui se montreraient rigides comme le destin dans la ponctualité de ses candidatures. Durant l'observait furtivement de l'autre côté de la rue ; et la conclusion à laquelle il est arrivé était que M. Bates, bien que tenace envers son district, serait incapable de résister à l'assaut d'une personne de condition supérieure ; et quelque arbitraire qu'il puisse être à l'égard d'un défaillant dans les taux, il n'oserait pas résister à un Sir John, s'il exigeait le sacrifice de son Iphigénie. Devrait-il l'approcher immédiatement, ainsi sans protection, au milieu de ses fonctions, et l'effrayer en lui promettant de fermer ses portes à Arthur ? Pendant un moment, Durant hésita ; car, en premier lieu, il n'était pas Sir John, et en second lieu, il se méfiait du pouvoir du percepteur d'impôts de lutter contre « ces femmes ». Maîtriser les femmes elles-mêmes était une tâche plus désespérée, mais elle serait plus efficace si elle était accomplie. Fort de cette conclusion, il continua son chemin dans la direction qu'il supposait être la bonne. Il n'éveillait pas la curiosité en s'enquérant, et il avait tout le temps, car il était encore tôt. La matinée était lumineuse et agréable, mais l'endroit était très calme. Les hommes en avaient été emportés par le train du matin. À l'exception de M. Bates, des bouchers et des boulangers, et d'un curé égaré de la secte High Church, qui masquait un grand rayon de soleil avec sa soutane et son manteau, personne n'était visible, car il était trop tôt pour la population féminine. quitter les affaires de leur maison. Il était sûr de trouver toutes les femelles de la famille Bates, pensa-t-il, dans le petit salon étouffant, avec probablement quelques préparatifs pour le dîner parallèlement à la confection des bonnets. Et l'héroïne, que pouvait-elle faire ? Pas assise sur le canapé, ni en train de faire l'amour, espérait-il ; le capot était mieux que ça. Il fit plusieurs petites images d'elle dans son imagination, se tenant maintenant debout sur sa dignité de fiancée à un gentleman, prenant une multitude de petits airs, dominant ses sœurs. C'était sans doute ainsi qu'elle montrerait sa réussite. Il ne savait absolument rien de Nancy, mais comme il s'agissait de détruire ses espérances, il se la représentait, inconsciemment, comme atteinte de la version la plus pauvre possible de ces espérances. C'était naturel. Cependant, tandis qu'il poursuivait ces pensées et son chemin ensemble, il rencontra soudain, au détour d'un coin, une des sœurs qu'il avait rencontrées la nuit précédente. Ils se rencontrèrent si soudainement que tous deux s'arrêtèrent, avec le léger choc d'un contact presque personnel.

"Oh, M. Durant!" s'écria Sarah Jane.

Elle rougissait « d'être surprise » dans sa robe de coton et son chapeau miteux, lorsqu'elle sortait en courant le matin – ce n'était pas la tenue dans laquelle elle aurait choisi d'être vue par un gentleman – mais Sarah Jane était une coquette née, et même elle la robe ne l'a pas maîtrisée. Elle ne perdrait pas cette opportunité. Et à vrai dire, la robe de coton était bien plus seyante, si elle l'avait connue, que les parodies bon marché de « la mode » qu'elle portait habituellement.

"Je suis très heureux de vous avoir rencontré, Miss Bates", dit-il. "J'essayais de trouver le chemin de chez toi."

"Oh, là!" dit Sarah Jane, ses yeux dansant. C'était une bonne chose, car pourquoi devrait-il venir à la maison si tôt si ce n'est pour *une raison quelconque* ? Et ça ne pouvait pas être Mathilda. "Mais je ne suis pas Miss Bates, je suis la plus jeune", a-t-elle déclaré. « Si vous faites d'abord deux ou trois pas dans cette rue, je vous montrerai le chemin. J'ai un ruban assorti – regardez ici, le nouveau bonnet du dimanche de Matty – mais je ne serai pas dans un instant et je vais vous montrer le chemin.

Durant consentit ; cela lui semblait la meilleure chance qu'il pouvait avoir d'acquérir des informations. Il se tourna et marcha dans la rue aux côtés de la jeune fille, à moitié folle de fierté et de plaisir. Elle voyait un ou deux visages regarder à travers les vitrines avec surprise et envie. Être vu se promener dans la rue avec un homme aux allures de gentleman ! Il n'y avait personne à Underhayes, à l'exception d'Arthur, qui avait l'air si distingué, pas même le colonel Hooker, que tout le monde pensait être le verre de la mode. C'était une illusion d'imagination de la part de Sarah Jane, car l'apparence de Durant n'avait rien de remarquable ; mais comme la vie n'est que pensée, l'idée lui paraissait aussi bonne que si elle eût été vraie.

«Je vais à tous les messages», a déclaré Sarah Jane. « Je pense que c'est très dur, d'autant plus que la fille est là, à ne rien faire ; mais ils disent qu'ils ne peuvent pas faire confiance à la fille. Les filles *sont* très bizarres ; il ne faut pas compter sur eux. Je suis sûr que maman a des problèmes avec les nôtres ! »

Ils n'avaient pas gardé une fille très longtemps, et Sarah Jane en était quand même un peu fière en signe de distinction sociale. Elle se tourna vers son nouvel ami pour lui demander de la sympathie, tout en réfléchissant, ce faisant, qu'il vivait probablement dans un logement et qu'il n'avait en lui-même ni l'orgueil ni la difficulté de diriger un domestique de quelque sorte que ce soit.

« Oui », a déclaré Durant ; «Je suis d'accord avec vous, Miss Bates. Les filles, autant que je les ai vues, sont très bizarres.

"N'est-ce pas?" s'écria Sarah Jane, soulagée de sa situation, dont un doute momentané lui avait traversé l'esprit ; « sur qui on ne peut jamais compter, et qui mange, dit maman, autant que nous deux. Alors je vais dans les magasins. Cela ne me dérange pas, en général ; et si je n'y allais pas, qui le ferait ? Mathilde n'a pas d'yeux. Elle ne voit jamais quand une chose ne correspond pas ; et Nancy, tu sais, soit elle est toujours avec Arthur, soit elle fait quelque chose pour lui. J'ose dire qu'il est là maintenant.

« Est-il là toute la journée ? Cela doit être plutôt ennuyeux pour vous.

« C'est ce que je dis toujours, M. Durant. J'ose dire que cela pourrait plaire à Nancy, car, bien sûr, c'est son jeune homme ; mais nous ne pouvons pas faire quelque chose comme avant, avec lui toujours là. Je souhaite à Dieu qu'ils soient mariés. Notre salon est une très belle pièce, mais elle est trop petite pour que ces deux-là soient là en permanence. Maman appellera toujours cela un salon, même si le salon est bien meilleur.

"Je préfère le salon."

"Savez-vous? Comme c'est drôle! Tous nos amis disent salon, même si je pense qu'après tout, ils ne devraient pas le dire, puisque nous y prenons nos repas. C'est vraiment pénible d'entrer et de sortir d'une pièce à l'autre et d'entretenir deux feux. Au moins, je ne devrais pas penser que cela soit un problème, mais maman le pense. Elle aime ses manières démodées. Arthur sera-t-il très riche, M. Durant, et sera-t-il baronnet à la mort de son père ?

"Il sera certainement baronnet à la mort de son père."

« Quelle chance pour Nancy ! s'écria Sarah Jane ; « et elle l'a rencontré par hasard, vous savez, comme je pourrais rencontrer n'importe qui dans la rue. Elle avait eu l'intention de dire « vous », mais s'arrêta à temps. «Quand la vieille tante Anna est morte, c'est à elle qu'elle a tout laissé, toutes ses drôles de vieilles robes et son argent. Peut-être ne saviez-vous pas qu'elle était la plus riche ? Les gens disent que c'est dommage et que Mathilde aurait dû l'avoir, car elle est l'aînée ; mais Matilda n'est pas aussi gentille que Nancy. Je n'en aurais pas profité si Matilda avait été l'héritière. Mais fantaisie ! Quand Nancy s'achète une robe, elle en obtient toujours une pour moi aussi, donc je me sens aussi bien que si l'argent m'appartenait.

"C'est très gentil de la part de Miss Bates", dit Durant, ne sachant pas comment s'y retrouver dans tout ce bavardage, et un peu impatient du long détour.

« Ce n'est pas Miss Bates ; elle est la deuxième, à côté de moi ; et je pense — si vous ne le dites à personne — que lorsqu'elle épousera Arthur, qui est riche, elle renoncera à son héritage. Je ne sais pas si ce sera pour moi ; J'aimerais que ce soit pour moi – non pas que je doive tout garder pour moi ; mais c'est si agréable d'avoir tout entre ses mains et de faire en sorte que les autres se sentent obligés envers vous. Ne trouvez-vous pas que c'est très sympa ? Surtout Mathilde. J'aimerais lui dire : « Mathilde, ma chérie, ne devrais-tu pas aimer un nouveau bonnet ? Oh, comme ce serait amusant ! et ses regards oscillent entre vouloir le bonnet et ne pas vouloir l'avoir de moi.

« Ce serait amusant, sans aucun doute, dit Durant ; « Mais pensez-vous qu'il soit bien sûr que M. Curtis sera si riche ? Je pense qu'il vaudrait mieux que votre sœur garde son argent, car elle aura beaucoup de dépenses.

« Oh, espèce de méchante, méchante, méchante… ce n'est pas ce que j'allais dire », s'écria Sarah Jane ; mais, mon Dieu, tu m'as dit toi-même qu'Arthur était riche ! N'est-il pas le fils d'un baronnet ? Que veut-il avec son peu d'argent ? J'aurais moi-même honte de prendre de l'argent avec ma femme alors que je n'en voulais pas, si j'étais un homme riche. J'appelle ça méchant.

"Mais peut-être que M. Curtis n'est pas aussi riche que vous le pensez", a déclaré Durant. « Son père n'est pas un vieil homme ; il n'y a aucune raison pour que Sir John ne vive pas vingt ans ou plus.

"Vingt ans ou plus!" s'écria Sarah Jane en tournant vers lui des yeux pleins de consternation. Elle s'arrêta net dans la rue pour se retourner et fixer sur lui son regard alarmé. « Veux-tu dire cela Nancy… veux-tu me dire cela Arthur ? Mais ce ne serait pas mieux que d'épouser quelqu'un d'autre. Just Missis, comme tout le monde ! Pourquoi Nancy !… Nancy ne cédera jamais à cela.

«Je pensais que vous vous trompiez probablement», dit Durant avec une certaine complaisance, s'étonnant certes de cette profondeur d'ignorance, mais extrêmement content de lui-même de l'avoir deviné et d'avoir ainsi trouvé un moyen de travailler. « Miss Nancy, si elle épouse M. Curtis, sera une pure Missis, comme vous le dites, pour le monde entier comme si elle avait épousé l'épicier du coin.

« Oh, l'épicier ! c'est ce qu'elle ne fera probablement jamais », s'écria miss Sarah Jane en jetant un regard conscient vers le coin. L'épicier se tenait à la porte, en tablier, un beau jeune homme dont les yeux étaient fixés sur lui-même, comme Durant le vit avec amusement, et avec un regard résolument hostile. Miss Sarah Jane lui fit un signe de tête avec une fascination aérienne, de l'autre côté de la rue. Peut-être que sans cette conversation, elle n'aurait pas été aussi aimable. Durant s'aperçut qu'il était lui-même présenté comme un rival possible du jeune commerçant dont il avait parlé si légèrement, et il fit tout ce qu'il put pour garder son sérieux dans cette conjoncture très nouvelle et inattendue. Il fit cependant un effort et continua.

« Vous devez savoir, dit-il, qu'un pauvre homme indépendant comme ce très bel épicier… »

"Oh mon pauvre! aucun si pauvre ! il est mieux loti que beaucoup de gens qui font plus de show », a déclaré Sarah Jane.

«C'est précisément ce que j'allais dire. Un homme indépendant dans sa situation peut se trouver en réalité dans de bien meilleures circonstances que le fils d'une personne plus importante. Sir John Curtis n'est pas un homme avec qui il faut prendre à la légère », poursuivit Durant, avec un moment de regret à moitié amusé pour cette calomnie cruelle envers le pauvre Sir John. « Il est sévère dans ses propres opinions ; il est capable de supprimer complètement l'allocation de son fils s'il n'est pas satisfait de son mariage. Je suis vraiment désolé de vous alarmer, mais je craignais que vous ne vous trompiez, et c'est ce que je voulais vous dire.

Les yeux de Sarah Jane s'écarquillaient de plus en plus d'inquiétude et d'émerveillement. Elle se retourna sur ses talons comme sur un pivot.

«Maintenant j'y pense», dit-elle, «Matilda ferait mieux de venir elle-même assortir son ruban. Ce n'est que pour les ficelles, et le bonnet n'est qu'à moitié fait... et, s'il te plaît, viens raconter tout cela à ma mère. Nancy est une chérie, dit la jeune fille avec un regard qui changea entièrement son aspect pour celui de son sympathique compagnon. « Elle a peut-être ses défauts, mais elle a toujours été gentille, et je ne supporte pas qu'elle soit trompée. Venez leur raconter à la maison. Mère sait quelque chose : elle est plus intelligente que chacun d'entre nous ; *elle* saura si vous avez raison ou tort ; mais je ne veux pas que Nancy soit habillée, non... » s'écria la jeune fille avec une véhémence de respect que seule la plus forte affirmation pouvait justifier, « pas si je ne devais plus jamais avoir de nouvelle robe pendant des années et des années !

CHAPITRE V.

Le couple improbable revint rapidement sur ses pas, se tournant vers la maison des Bate ; mais l'effet de la révélation de Durant s'éteignit bientôt dans l'esprit de Sarah Jane. Elle avait fait le devoir de le conduire immédiatement chez sa mère. Une fois informée de cette autorité suprême, Sarah Jane sentit que son esprit était dégagé de toute responsabilité et, en fait, elle rejeta le fardeau de cette nouvelle révélation bien avant que son compagnon ne cesse ses efforts pour le lui faire comprendre. Elle essaya ce qu'elle pouvait pour l'inciter à parler plus légèrement ; elle l'interpella avec de vives observations et de petits essais d'une familiarité amicale. L'agitation momentanée de sympathie qui avait presque intéressé Durant à son égard s'éteignit. Elle commença à faire la moue alors qu'il continuait.

« Oh, s'il vous plaît, ne parlez pas indéfiniment d'Arthur ; Je ne suis pas amoureux d'Arthur, même si Nancy l'est. Je pense que vous pourriez trouver un autre sujet », a-t-elle déclaré. « On fait trop de lui à la maison ; Je pense, et Matilda aussi, qu'il y a chez Underhayes des gens plus beaux et aussi gentleman que lui. Que pensez-vous d'Underhayes, M. Durant ? N'est-ce pas un joli petit endroit ? Si j'avais le choix, j'vivrais à Londres et chaque soir de ma vie j'irais au bal ou au théâtre. Je ne prétends pas être bonne, comme le font certaines filles. Je ne devrais pas me promener parmi les pauvres ni chanter à l'église. Ce que j'aimerais, ce serait aller à une soirée tous les soirs, ou bien aller au théâtre.

« Je pense que vous en aurez bientôt assez, » dit Durant ; « Les gens à la mode s'épuisent. Ils deviennent pâles et incolores, pas frais et fleuris, comme toi.

« Oh », s'écria Sarah Jane, sentant que c'était le genre de discours dans lequel elle brillait, « parlez-moi des gens à la mode, M. Durant ! Sont-ils beaucoup plus jolis que nous ? Je suppose qu'ils en ont l'air avec toutes leurs grandes robes ; mais je ne voudrais pas surprendre les gens par leur tenue vestimentaire et leur faire croire que je suis beau alors que je ne l'étais pas ; Je préférerais de loin ressembler à ce que je suis, et alors personne ne serait trompé.

« Vous ne pourriez avoir aucune incitation à ressembler à autre chose que ce que vous êtes », dit Durant amusé, donnant à cette jeune sauvage, puisqu'elle le demandait si clairement, le bijou de compliment qu'elle désirait. Sarah Jane s'éclaira, se colora et se brisa de plaisir. Laissons Nancy s'en sortir comme elle le pouvait, voilà un avantage immédiat que sa sœur pourrait avoir, sans aucun effet néfaste sur l'avenir de Nancy.

« Oh ! vous êtes comme tous les messieurs, dit-elle, vous faites toujours des compliments ; si les filles n'étaient pas beaucoup plus sensées que vous ne le pensez, vous nous feriez tourner la tête. Mais s'il y a une chose que je méprise, ce sont les filles idiotes qui croient tout ce qu'on leur dit. Un peu d'expérience vous apprend mieux que cela », a déclaré Sarah Jane.

"Et qu'est-ce que l'expérience enseigne à Miss Bates", dit Durant, réprimant son rire.

« Je vous l'ai déjà dit, je n'étais pas Miss Bates ; Je suis Mlle Sarah Jane. Certaines personnes ne le trouvent pas très joli, mais je n'aurai jamais honte de mon prénom. Est-il vrai qu'ils vont à cinq ou six soirées par nuit, l'une après l'autre ? Cela ne me plairait pas ; où je m'amuse, j'aime rester. Si c'était ennuyeux, ce serait peut-être une bonne chose d'en essayer un autre, mais imaginez qu'une balle soit terne ! c'est, je suppose, pour les vieilles giroflées qui ne dansent pas, mais je pense que c'est un bal divin. Vous ne le pensez pas, M. Durant ? J'ai été à trois : le bal des bénévoles et le... deux autres dont vous ne connaissez pas l'existence ; et j'ai failli mettre mes chaussures en pièces à tous les trois.

"Il était alors naturel que vous en profitiez", a déclaré Durant.

« Oui, n'est-ce pas ? Je n'en manquerais jamais si je pouvais l'aider. Maintenant, Nancy était si stupide qu'elle n'y est jamais allée, mais elle a commencé une longue promenade avec Arthur, juste au moment où nous allions. N'était-ce pas idiot ? Je pense qu'elle était désolée le lendemain, lorsqu'elle nous a entendu en parler et compter nos partenaires, Matilda et moi. Une fille peut se marier sans renoncer à tous ses plaisirs. Mais Nancy est une trop belle affaire ; Je crois que cela ne la dérangerait pas, même si Arthur n'était pas là, de me laisser partir.

"Je suis heureux d'apprendre qu'elle est si gentille."

« Oh oui, elle est très gentille. Mais elle voulait que je porte une vieille robe de tante, et cela je ne le supporterais pas. Cela ne la dérange pas de ressembler elle-même à un homme. J'ai dansé sept valses d'un coup, sans jamais m'asseoir, mais je n'étais pas fatigué, pas du tout fatigué. Oh, quel plaisir c'était ! J'aimerais qu'il y en ait un ce soir – j'aimerais qu'il y en ait un tous les soirs. Je pourrais danser jusqu'à six heures du matin et ne jamais me lasser.

"J'espère donc pour vous," dit Durant, "qu'il y a beaucoup de bals à Underhayes."

"Non en effet. Il faut que ce soit quelque chose de public, comme les Volontaires. J'ai vu des danses dans les maisons du Green ; mais ensuite on ne nous l'a pas demandé, et c'était épouvantable de rester debout et de regarder par les fenêtres et d'entendre la musique. Je suis sûr qu'il y avait beaucoup de gens là-bas qui n'étaient pas meilleurs que nous. Cette fille qui enseigne aux petits Smithard, c'est un peu une gouvernante. Maman a dit que c'était ridicule de l'avoir, elle, et pas nous, un peu gouvernante ! Aujourd'hui, *nous* n'avons jamais eu à faire quoi que ce soit pour gagner notre vie. Nous avons toujours été gardés à la maison et avons eu tout ce que nous voulions. Cela fait toute la différence ; ne le pensez-vous pas, M. Durant ?

« Je ne suis pas très doué dans de tels sujets. Je dois travailler très dur pour gagner ma vie, Miss Sarah Jane.

« L'avez-vous fait maintenant ? Je n'aurais pas dû le penser, tu ressembles tellement à un gentleman. Je suppose que ce sont les vêtements », dit pensivement Sarah Jane. « Mais même alors, ajouta-t-elle avec une indulgence magnanime, c'est tout à fait différent ; les hommes peuvent travailler sans perdre leur caste, dit maman, mais pas les femmes. Et nous avons toujours été gardés à la maison. Je ne serais gouvernante pour rien au monde.

"Je ne pense pas que ce soit une activité agréable", a déclaré Durant.

"Non en effet. Qu'êtes-vous, M. Durant ? Vous n'enseignez pas, n'est-ce pas ? J'aurais aimé que tu sois dans l'armée ; J'aime tellement les officiers, leurs manières sont si gentilles. Nous voici déjà chez nous, je le déclare. Quel dommage, nous avons fait une si belle promenade. Maman, voici M. Durant, dit-elle en se précipitant dans le petit salon ; « et oh ! Écoutez, il est venu dire qu'Arthur n'est pas du tout riche, et que Nancy ne sera pas ma dame, et que tout cela est une erreur.

« Que dis-tu, Sarah Jane ? Fermez la porte, n'est-ce pas, et ne criez pas ainsi dans le couloir ; tu veux que la fille entende ? Je m'interroge sur toi, mon enfant. Bonsoir, M. Durant, dit la mère avec raideur. Elle ne lui tendit pas la main et ne lui demanda pas de s'asseoir avec l'hospitalité généreuse de la nuit dernière, mais ses filles furent plus gentilles ; Matilda souleva le papier avec tous ses documents du canapé pour lui faire de la place, et Sarah Jane tira la chaise la plus confortable.

"C'est l'endroit le plus cool, M. Durant", a-t-elle déclaré. « Oh, il ne fait pas chaud ici, avec un si grand feu ? et c'est une très belle matinée, même s'il y a une brise ; et M. Durant et moi avons fait la promenade la plus délicieuse !

Le premier discours rendit la mère froide et Mathilde gentille ; cela a eu l'effet inverse : Matilda s'est figée et Mme Bates a commencé à dégeler. Le monsieur qui avait fait une délicieuse promenade avec sa plus jeune fille n'était pas un homme à désapprouver. Qui pourrait prédire ce qui pourrait résulter d'un tel début ? Mme Bates était régie par un code de lois différent de ceux qui animent les mères prudentes des autres sphères. Elle n'avait pas peur des promenades délicieuses, ni de ces rencontres qui ne sont pas toujours fortuites ; D'ailleurs, l'étranger n'était-il pas l'ami d'Arthur, et par conséquent pas un étranger du tout ?

« Je suis sûre que c'est très gentil de la part de M. Durant de prendre la peine de parler à un petit écervelé comme vous », dit-elle ; « mais les filles resteront des filles ; nous ne pouvons pas mettre de vieilles têtes sur de jeunes épaules ; et en effet, les pauvres, pourquoi ne seraient-ils pas légers ? Nous n'avons pas grand-chose de plus que de la bonne humeur et de bonnes constitutions à leur donner, M. Durant.

« La, maman ! M. Durant doit beaucoup prendre soin de nos esprits et de nos constitutions ! » s'écria Mathilde ; « J'ose dire qu'il est venu pour affaires, comme le dit Sarah Jane. Était-ce quelque chose à propos d'Arthur, Monsieur ? Mais tu ne peux rien nous dire qui puisse blesser Arthur. Nous l'aimons tellement. Nous ne croirions aucun mal de sa part, quoi que vous en disiez.

«Je n'ai aucune envie de lui dire du mal», a déclaré Durant; « Je peux effectivement prétendre avoir pour lui plus d'affection qu'un étranger ne peut en avoir. Il a été comme un frère pour moi.

« Et je suis sûre qu'il vous aime beaucoup, » dit Mme Bates, « un gentleman ne pourrait pas être plus attaché à un autre gentleman qu'il ne l'est à vous. Mais bien sûr, vous savez, M. Durant, quand les gens sont amoureux, ils ne pensent à rien d'autre.

"Pauvre Curtis!" dit Durant sans le savoir. Il était vrai qu'il « aimait » son ami ; et pourtant, pour le bien de cette fille, Arthur s'était disputé même avec son ancien compagnon. Il éprouvait une profonde pitié pour lui dans son cœur. Que faisait-il ici, cet imbécile, dans cet endroit si différent de tout ce qu'il avait jamais connu ?

"Bien!" » dit Mme Bates, « je ne dirais pas pauvre Curtis. D'après ce que j'ai vu, c'est une période heureuse. Après, quand les soucis du monde arrivent et qu'il n'y a pas assez de moyens, ou ainsi de suite, je pourrais les appeler pauvres ; mais pas maintenant, quand tout est couleur de rose. Et Dieu merci ! il ne peut y avoir aucun problème de moyens avec le cher Arthur. Sarah Jane dit, tu dis qu'il n'est pas riche ? c'est peut-être le cas, M. Durant. Je ne recherche pas la richesse quand les jeunes sont heureux ensemble et s'aiment les uns les autres. L'argent n'est pas tout, comme je le dis toujours à mes filles.

"Non", a déclaré Durant, interloqué. « D'après ce que Miss Bates a dit, je pensais seulement que vous pourriez être trompé quant à la véritable position de Curtis, c'est tout. Bien sûr, il a d'excellentes perspectives ; mais son père, Sir John, est comparativement un jeune homme. Il s'épanouira pendant les vingt prochaines années, j'espère. Et quant au titre, bien sûr… »

"Bien sûr", a déclaré Mme Bates avec dignité. « Et j'espère que Sir John sera longtemps épargné par sa famille. Il ne faut pas prendre pour de l'Évangile tout ce que dit une idiote. Je pense que nous connaissons bien la position de M. Curtis, M. Bates et moi. Naturellement, nous nous sommes renseignés. Il n'est pas riche, mais il en aura assez, j'espère, pour commencer – et ma fille en a un peu à elle.

« Oh, maman ! qu'est-ce que deux cent cinquante livres ? dit Mathilde, c'est la fortune de Nancy. Cela ne durera pas longtemps, n'est-ce pas, M. Durant ? Et Arthur n'a pas d'entreprise, ni quoi que ce soit pour l'aider à gagner sa vie. Je pense que c'est très gentil de la part de M. Durant de venir nous raconter tout cela à propos de Sir John.

« Et, » dit Durant poursuivant son avantage, « je dois parler clairement, même si cela peut ne pas être agréable. Sir John n'est pas homme à adopter une attitude indulgente envers tout ce qui ressemble à de la désobéissance. Je ne pense pas qu'il soit probable, pardonnez-moi de le dire, que la famille aime ce mariage. Ils ne connaissent pas, d'abord, l'excellence de Miss Nancy.

"Oh, Nancy!" » dit Matilda, dans sa barbe, avec un petit mouvement de tête, et Sarah Jane se mit à rire. Nancy n'était que Nancy après tout, et quant à l'excellence ! Mme Bates a pris la question différemment, comme on peut le supposer.

"Je n'entendrai personne parler de manière irrespectueuse à l'égard de ma fille", a-t-elle déclaré. « C'est une fille aussi bonne que jamais. J'aimerais que Sir John, ou la reine elle-même, aient un aussi bon souhait, et ce n'est pas un mauvais souhait, M. Durant. Elle ferait honneur à n'importe quelle famille, même si je dis que ce n'est pas le cas. Elle est jolie et bonne, et connaît son devoir bien mieux que quiconque. Ceux qui trouvent à redire à ma Nancy, c'est parce qu'ils ne savent pas ce qu'elle est. Son père et moi pourrions leur raconter une histoire différente. Elle n'a jamais été du genre à rechercher le plaisir comme les deux autres.

"Maman!" » dirent Matilda et Sarah Jane dans un souffle.

"Oh oui! Je sais ce que je dis. Vous êtes des filles assez bien, mais vous n'êtes pas comme votre sœur. C'est vous qui avez toujours été les plus gênants. Vous parleriez et ririez avec n'importe qui. Vous n'avez pas de véritable fierté. Mais Nancy est toujours restée seule. Quoi qu'il en soit, elle est devenue tellement attachée à Arthur, je n'ai jamais pu le comprendre, car elle n'était pas du genre à s'entendre avec des étrangers ; et n'a jamais eu de liaison de ce genre, ni même tenu compagnie à un gentleman de tous ses jours, jusqu'à ce qu'elle rencontre Arthur. Oh! ma Nancy est une fille très rare, M. Durant. Il y en a très peu comme elle.

"Je suis tout à fait prêt à le croire", a déclaré Durant, poursuivant sa carrière impitoyable, même si des scrupules le piquaient pour ce qu'il faisait. « Mais Sir John ne connaît pas Miss Nancy. Et il y a Lady Curtis à prendre en considération.

« Ah, » dit Mme Bates, pour le moment calme, « je ne nie pas qu'une dame puisse avoir des préjugés. Je sais par moi-même – cette fois où Charley était censé faire attention à – vous vous souvenez, les filles ? – oh oui ! une mère est à considérer. Mais quand même, nous n'avons aucune raison de penser que Lady Curtis soit désagréable, M. Durant, ou que nous n'entendions pas raison. L'époque dont je parle, celle de Charley, j'ai pris mes mesures. J'ai demandé à un de mes amis de parler à la fille ; et je l'ai rencontrée moi-même – par hasard, genre ; et, je suis heureuse de le dire, tout cela n'a abouti à rien », a ajouté Mme Bates avec un soupir de soulagement.

« Alors vous vous apercevez, » dit Durant, « que vous avez ressenti exactement ce que Lady Curtis est susceptible de ressentir. »

"Oui, les mères sont les mêmes partout, je suppose", a déclaré Mme Bates, non sans complaisance. « Un peu plus d'argent ne fait pas beaucoup de différence, M. Durant. Si c'était la reine, une mère ne peut pas être plus qu'une mère. Et nous sommes tous pareils, jamais par anxiété d'une manière ou d'une autre – en pensant à nos enfants – bien plus que nos enfants ne pensent de nous », a-t-elle ajouté en secouant la tête en direction de ses filles avec un soupir. "Mais je suppose que c'est ainsi que va le monde."

« Revenons à Lady Curtis », dit l'avocat du diable. « Elle, vous le reconnaissez, est susceptible d'avoir des préjugés. Vous comprenez qu'à en juger par les sentiments avec lesquels vous avez appris l'enchevêtrement de M. Charley… »

« Cela n'est jamais allé jusqu'à un enchevêtrement. Cher, non ! il ne faut pas penser que c'était si grave.

"Mais c'est très grave, Mme Bates. Curtis a tout réglé pour épouser votre fille – c'est ce qu'il me dit – et qu'en pensera Lady Curtis ? Elle ne connaît ni Miss Nancy, ni vous. Elle pensera que ce sont des concepteurs qui ont attrapé mon fils… »

Il y eut alors un cri universel, dans lequel Durant se faufila pourtant avec calme, malgré les regards menaçants et colériques qui l'entouraient de toutes parts.

« Concevoir des gens, répéta-t-il, qui ont attrapé mon fils. Vous ne pensez pas que je le pense, qui vous connaît ? Mais Lady Curtis ne vous connaît pas, et il y a une certaine différence entre votre rang et le leur. C'est, vulgairement parlant, un bon parti pour Miss Nancy. Je parle de leur point de vue, c'est comme ça qu'ils *doivent* penser, vous savez. Dans leur rang social, les gens se réunissent généralement et se consultent au sujet d'un mariage. Le fils d'un homme n'épouse pas la fille d'un autre homme au même niveau de la société, sans de nombreuses consultations à ce sujet et passe de l'un à l'autre. La jeune femme doit être présentée à la famille de son futur mari et toutes les démarches en vue du mariage sont faites en commun. Mais il n'y a rien de tel dans cette affaire. Les Curtis n'en ont même pas été informés. Ils l'ont découvert par hasard. Imaginez alors, Mme Bates, quels doivent être leurs sentiments ? Ils se retrouvent trompés et défiés par leur fils ; et ils trouvent que vous êtes tout à fait disposé à lui permettre d'épouser votre fille sans la moindre communication avec sa famille… »

"M. Durant, dit Mme Bates en gémissant, qui vous a donné le droit de venir ainsi nous insulter ? Que t'avons-nous fait pour que tu oses parler ainsi ? Oh! on voit bien que mon mari est dehors, et nous n'avons personne pour nous protéger, les filles. Mais je dis que c'est méchant de venir ici le matin, quand il n'y a personne pour nous défendre, et de piétiner les femmes. Je dis que c'est une mauvaise chose à faire. Tu n'oserais pas le faire... non, il n'oserait pas le faire... si ton papa était là.

« Oh, ne dis pas de bêtises, mère, dit Mathilde, que pourrait faire père ? Est-ce lui qui prend soin de qui que ce soit ? M. Durant, écoutez, je ne pense pas que vous soyez contre nous, n'est-ce pas ? C'est avec gentillesse que tu parles, n'est-ce pas ? Je ne peux pas penser qu'un gentleman entrerait dans une maison, si c'était une maison de gens pauvres, comme celle-ci pourrait être, et ferait semblant d'être amical – et aurait des intentions différentes. Les gens apprennent beaucoup dans ce monde, dit la jeune femme en repoussant son bonnetier et en le regardant de plus en plus attentivement avec une méfiance croissante ; "Mais sans que tu le reconnaisses, je ne le croirais pas."

"Mlle Bates!" balbutia Durant en se levant. Il devint cramoisi sous son regard honnête et direct. C'était honnête et direct, même s'il devait y avoir, à son avis, un certain double jeu, plus ou moins, à propos d'Arthur ; mais il n'était plus en mesure de critiquer le double jeu des autres : n'avait-il pas lui-même agi de manière équivoque ?

« Je ne voulais pas vous tromper », dit-il en hésitant. «Je ne voulais pas vous cacher que j'étais l'ami de la famille Curtis. Je n'ai jamais dit que j'approuvais le mariage. Je l'ai naturellement considéré de leur point de vue.

"Il n'a jamais rien dit de différent", a déclaré Sarah Jane, pleurant de sympathie pour sa mère. «Il n'a jamais dit qu'il était notre ami. C'est ce qu'il me dit depuis que je l'ai rencontré. Comme si seules les riches étaient des dames ! et comme si le reste du monde n'était que de la saleté… comme si nous prenions soin de ses Curtises et de ses braves gens !

« Si c'est à cause de la famille qui vous tient à cœur, M. Durant, dit Matilda, plus modérée, il vaudrait mieux que vous le disiez franchement.

« Je vous demande pardon, dit-il en se reprenant, ce n'était pas nécessaire. Je ne suis pas l'agent de cette famille, ni l'ennemi de cette famille. Mais le mariage est très inapproprié, comme tout homme peut le constater ; il faudrait s'y opposer. Quel bonheur peut-il en résulter ? Jugez par vous-mêmes. Curtis ne peut rien faire pour gagner sa vie, comme le dit Miss Bates ; et le peu d'argent de ta fille, c'est quoi ? Et s'ils se marient, ils dépendront entièrement de Sir John, qui n'aime pas cela, qui va plus loin, le déteste et est furieux contre son fils. Il l'interromprait avec un shilling, s'il le pouvait. Mais de toute façon, il peut suspendre son allocation ; il les jetterait sur leurs propres ressources — et alors que feraient-ils ? Vous l'avez toujours gardée à la maison, me dit votre fille ; de sorte qu'elle ne pouvait rien faire pour l'aider. Et il ne pouvait rien faire – que pouvait-il faire ? Il a toujours été habitué à vivre cher. Mme Bates, si vous laissez cela continuer, je suis vraiment désolé pour vous. La chose la plus probable qui puisse arriver est qu'ils dépendent de vous.

«Dépend de nous!» c'était une suggestion si terrible que toutes les moindres impulsions offensantes furent oubliées. Ils se rassemblèrent autour de lui dans une anxiété tremblante. « Vous ne voulez pas dire, M. Durant, qu'ils le laisseraient sans un sou ? Je vous parle comme à un ami", a déclaré Mme Bates, "Je ne suis pas particulièrement pressée de vous demander si vous le pensiez ou non. Le laisseraient-ils sans un sou ? Un jeune homme avec toutes ses manières extravagantes.

« Ne le feriez-vous pas vous-même si vous pensiez que cela mettrait un terme à un tel mariage ? dit Durant.

CHAPITRE VI.

D URANT sentait qu'il avait fait une bonne matinée de travail. Il avait réussi à effrayer Mme Bates et à frapper d'alarme l'esprit sensé de Matilda et l'esprit frivole de Sarah Jane. Il les laissa dans différents stades de perplexité et de détresse lorsqu'il repartit. Ils n'étaient pas plus égoïstes que les autres ; mais l'idée que le mariage de Nancy, dont ils avaient été si fiers par anticipation, n'aboutisse à rien, ou soit à un résultat bien pire que rien, au point de jeter le « jeune couple » sur leurs bras, les consternait naturellement. Arthur, ce qui était peut-être aussi naturel, leur avait parlé le moins possible de sa famille ; il avait vaguement évoqué tous les détails de la façon dont lui et son épouse allaient vivre. Il en avait assez pour les deux, dit-il ; il y en aurait bien assez pour donner à sa Nancy tout ce que son cœur pouvait désirer. Que pourraient-ils souhaiter de plus ? La fille d'un percepteur d'impôts n'est généralement pas chargée de règlements de mariage très élaborés.

«J'espère que votre papa et votre maman seront contents», avait dit Mme Bates, lorsqu'elle avait reçu l'annonce des fiançailles, en accordant à son futur gendre un baiser plein de larmes, qu'il portait comme un héros.

« Oh, n'ayez crainte d'eux ; ils seront contents quand ils verront Nancy, avait-il répondu ; et avec cette assurance elle avait été contente.

À mesure que l'heure fixée pour le mariage approchait, il y avait sans doute eu des interrogations de cœur à ce sujet ; mais celles-ci portaient plutôt sur la question de savoir s'il accepterait ou non qu'un membre de sa famille soit invité au mariage plutôt que sur quelque chose de plus important. Arthur avait vingt-quatre ans, sûrement en âge de choisir lui-même, et l'idée de consulter le père et la mère (étant évident qu'ils n'étaient pas très susceptibles d'être satisfaits du mariage) ne vint pas à l'esprit de ces braves gens. Un jeune publicain ne songerait pas à consulter sa famille, même s'il aimerait qu'elle soit contente ; et pourquoi le fils d'un baronnet, un jeune gentilhomme, bien plus son propre maître qu'aucun publicain, serait-il lié à ce que voulaient son père et sa mère ? M. Bates, qui avait un grand respect pour les pouvoirs en place, avait en effet grommelé la crainte que « cela ne leur plaise pas » ; mais "Qui s'en soucie?" avait été la réponse de son épouse plus audacieuse. Elle s'en souvenait maintenant avec un peu d'horreur.

« Votre père est lent, dit-elle à ses filles ; « et parfois nous sommes tous impatients, comme nous ne devrions pas l'être ; mais c'est merveilleux combien de fois il a raison, n'est-ce pas papa.

Les filles découvrirent l'idée en paroles, mais dans leur cœur elles aussi furent quelque peu impressionnées, et le petit salon fut plein d'agitation toute la matinée. Nancy était sortie, comme il faisait si beau, avec son amant. Ils s'étaient tellement disputés la nuit précédente que leur réunion du matin était plus intéressante que d'habitude, et ils étaient sortis pour se réconcilier. Il y avait une commune non loin de là, avec des étendues d'ajoncs et de petits bosquets d'arbres à moitié adultes, qui était le lieu de villégiature de tous les amoureux du voisinage ; et là, ils avaient passé la matinée au milieu du soleil d'automne, se déclarant que plus rien ne les séparerait, ni ennemis ni amis.

Durant rentra chez lui à son auberge, très content de lui, quoique avec un scrupule qu'il ne s'attendait pas à éprouver. Dans l'ensemble, ces gens ne dessinaient pas des gens. Ce n'étaient pas les harpies de l'imagination sociale, qui se jettent sur le malheureux *fils de famille* et lui brisent les os. Cela ne les rendait pas du tout plus aptes à être liés à Arthur, mais cela rendait son ami un peu honteux du rôle qu'il jouait. Et en même temps il était satisfait ; car il ne voulait pas qu'Arthur fasse ce mariage insensé, et il voulait vraiment plaire à Lady Curtis, pour les raisons qui seront révélées ci-après. Il avait le sentiment d'avoir accompli une bonne journée de travail, même si ce n'était peut-être pas un travail très noble. Il ne croyait pas du tout que la famille Curtis condamnerait leur fils à la famine ou à dépendre de la maison Bates, bien qu'il utilisât cette idée pour subjuguer cette dernière ; mais la nature se vengea de ce mensonge en lui permettant d'en croire un autre, à savoir que ses démarches pouvaient avoir une certaine influence pour retarder le mariage d'Arthur. Bien qu'il aurait dû savoir que les obstacles ainsi dressés rendraient au contraire Arthur doublement impatient et le conduiraient à tout imposer, un petit brouillard d'illusion complaisante était dans ses yeux à l'égard de sa propre habileté, et il croyait vraiment qu'il était peut-être en son pouvoir de sauver Arthur. Et puis, s'il sauvait Arthur, à quoi Lady Curtis ne serait-elle pas disposée à faire ? Pas, pauvre Durant, la même chose encore une fois, en confiant sa fille, dont elle était bien plus fière qu'elle ne l'avait jamais été d'Arthur, à un avocat pauvre, quoique prometteur. Non, ce n'était pas probable, et il savait que ce n'était pas probable ; mais il y avait pourtant une certaine confiance vague qui le poussait à tout faire pour lui plaire ; et il pensait que ce qu'il avait fait lui plairait. Il pensait avoir produit un certain effet. Il y avait une lueur de sensation confortable dans son esprit. Si, peut-être, il n'avait pas été tout à fait bon, pas tout à fait seulement envers les pauvres gens qu'il venait de quitter, quel droit avaient-ils sur sa bonté ? Rien du tout ; et tout cela était parfaitement légitime, parfaitement juste. Ne sortaient-ils pas de leur sphère naturelle, s'accrochant au fils du baronnet pour leur fille, vantant publiquement l'époque où Nancy devrait être ma dame ? Et n'était-il pas juste et défendable de mettre un terme à cette situation ? Il n'avait rien fait qu'il n'était pas tout à fait permis de faire.

Dans cet état d'esprit, il déjeuna et décida de passer une nuit de plus à Underhayes. Il était en effet plutôt difficile de savoir quoi faire de lui-même l'après-midi ; mais il espérait qu'Arthur changerait peut-être d'avis, qu'il jugerait utile de venir le voir et de discuter de ce point ; et dans toute discussion sur ce point, Durant estimait qu'il devait réussir. Il avait alors une liasse de correspondance à parcourir. Un homme occupé est souvent complètement bouleversé en se retrouvant enfermé dans un salon vide dans une auberge, sans aucun de ses outils habituels, sans livres ni papiers. Mais il avait des lettres à écrire, ce qui était toujours une occupation ; et une de ses lettres était adressée à Lady Curtis. Mais avant de pouvoir le faire, il lui fallait du papier ; et le jour était si doux, et l'air si doux, et l'aspect du petit endroit si agréable, qu'il sortit avec le sentiment agréable que ses affaires n'étaient pas pressantes et qu'il pouvait s'attarder avant d'entrer.

Cependant, alors que Durant sortait de l'auberge, il se heurta à quelqu'un qui entra, en toute hâte, et avec toutes les apparences d'impatience et d'impétuosité.

« Je veux parler à un M. Durant qui séjourne ici », dit-elle au serveur ; puis, s'arrêtant net en sursaut, elle reporta son attention sur lui. «Je pense que vous êtes M. Durant», dit-elle.

C'était Nancy Bates en personne. Même s'il ne l'avait vue que vaguement la nuit précédente, il la reconnaissait maintenant. Son chapeau semblait avoir été mis à la hâte, et une longue mèche de cheveux bruns était tombée sur son épaule. Durant ne pouvait s'empêcher de remarquer combien il était long et à quel point il était doux et brillant — ni doré ni rouge, mais d'un brun brillant et brillant. Cela attira son attention, même au milieu du choc qu'il ressentit en l'entendant le demander. Que lui voulait-elle ? Il se sentit rétrécir en esprit, sinon en apparence. Arthur qu'il s'était efforcé de sauver, sa conscience était claire à cet égard ; mais cette jeune femme, quelle avait été son intention à son égard ? Ce n'était pas pour la sauver qu'il avait essayé, mais pour lui briser le cœur, si elle en avait un, et de toute façon, cœur ou pas, détruire ses perspectives et lui voler sa prétendue chance. Il ne pouvait donc s'en empêcher, il reculait un peu devant Nancy ; et il y avait dans ses regards une énergie précipitée et hostile qui ajoutait à ce sentiment. Il répondit, presque sur un ton de dépréciation :

« Oui, c'est mon nom ; et je pense que c'est Miss Bates ?

« Anna Bates », dit-elle en levant légèrement la tête, comme si le nom qu'elle avait prononcé avait une importance imposante. "Je veux vous parler, s'il vous plaît."

Durant a été entièrement repris. Il la regarda d'un air perplexe et impuissant. Que devait-il faire ? Lui demander de retourner dans son salon avec lui ? lui demander de l'accompagner dehors ? Il ne savait pas quelle était l'étiquette dans de telles régions. Aucune jeune femme qu'il connaissait ne lui avait jamais fait appel auparavant, et le jeune homme était complètement perplexe et déconcerté, et ne savait que faire.

"Bien sûr", dit-il en hésitant entre l'escalier et la porte, en jetant un regard impuissant au serveur, qui aurait pu, pensa-t-il, faire une suggestion.

Nancy n'avait jamais pensé auparavant qu'il était mal de venir voir M. Durant « pour affaires » et pour des affaires aussi urgentes ; mais elle vit qu'il le pensait, et cette découverte, au lieu de la déconcerter, l'enflamma avec une nouvelle véhémence. L'étonnement même sur son visage était comme un étendard de supériorité aristocratique sur Nancy et la rendait folle.

« Vous êtes surpris, dit-elle avec un air de mépris, que je vienne vers vous ; mais je ne suis pas une de vos belles dames qui font venir du monde chez elles ; et il n'y a pas de place dans notre maison pour des discussions privées. Vous pouvez me parler dans la rue, je suppose.

Et sur ce, elle lui tourna le dos et sortit en toute hâte. Ici, elle s'arrêta un moment, voyant peut-être pour la première fois les difficultés d'une demande indignée d'explications à Underhayes Green, face à tous les gens qui sortaient pour leurs promenades, leurs appels et leurs affaires de l'après-midi. Aucune de ces difficultés n'avait jamais troublé Nancy auparavant. La splendeur gênante d'être une personne dont les débats étaient surveillés ne lui avait jamais été présente auparavant. Mais maintenant, tout cela lui apparut en un instant. On savait déjà sur place qu'elle allait se marier, ou plutôt qu'elle allait se marier avec M. Curtis, et si on la voyait à trois heures de l'après-midi se promener dans le Green en conversant étroitement avec un autre « gentleman », que dirait tout le monde ? Les sentiments de Sarah Jane étaient très différents, elle espérait seulement que tous ceux qu'elle connaissait pourraient la voir marcher avec le « gentleman ». Déjà l'ombre de sa nouvelle position avait envahi Nancy, et le sentiment que l'observation serait désormais dégradante plutôt que flatteuse. Elle n'y avait pas du tout pensé dans la ferveur de ses sentiments, lorsqu'elle se précipitait impétueusement pour affronter son adversaire, mais elle le percevait à travers les yeux de son adversaire. Elle se tourna à demi vers lui, et, agitant la main vers l'autre côté du Green, où il y avait un peu d'ombre avec des arbres, elle marcha devant lui, traversant rapidement l'herbe. Durant a suivi. Il était nerveux à l'idée de ce qui allait lui arriver ; le conduire ainsi sous les arbres humides, d'où tombait une pluie de feuilles à chaque souffle d'air, c'était comme le traîner dans quelque antre où il pourrait être dévoré à loisir. Arthur pourrait-il être là ? mais après réflexion, il était sûr qu'Arthur, s'il l'avait su, aurait trouvé un moyen de maîtriser cette impétuosité et d'empêcher une rencontre. Cela ne pouvait en aucun cas être dans l'intérêt d'Arthur. Cependant, avant qu'ils aient traversé le Green, la peur de Durant s'était apaisée ; il commença à s'intéresser ; la situation était piquante, sinon plus ; et cette mèche de cheveux bruns était très jolie. Il l'aurait trouvé désordonné dans Sarah Jane, mais ici, d'une manière ou d'une autre, cela avait l'air bien. Il pensa à la « douce négligence » de la description de Herrick ; le jupon tumultueux lui vint malgré lui à l'esprit, et il commença à être moitié content, moitié excité par cette étrange aventure. Que dirait Arthur s'il le voyait ainsi emmené pour un entretien privé ? et la marche directe que suivait l'impétueuse jeune femme les amena immédiatement devant la porte de M. Eagle. La petite rangée d'arbres qui ressemblait au loin à un centre commercial s'étendait sous les murs de son jardin, et elle s'est avérée bien moins importante qu'il ne le pensait : un tronçon d'une vieille avenue, une centaine de mètres de chemin entre deux. belles gammes d'ormes. Elle ne menait nulle part et était complètement déserte. Il ne pourrait guère y avoir de meilleur endroit pour une interview mystérieuse.

Lorsqu'ils furent à l'ombre des arbres, elle se tourna brusquement vers lui.

« Vous étiez chez nous aujourd'hui, dit-elle ; « vous disiez beaucoup de choses sur… M. La famille de Curtis. Vous ont-ils envoyé, ou de quel droit parlez-vous en leur nom ? Je veux savoir."

"Miss Bates, vous êtes très pressée, très péremptoire."

"Je ne suis pas différente de ce que j'ai le droit d'être", dit-elle, et il pouvait entendre que sa voix tremblait de passion, et voir que les lignes de son visage bougeaient et qu'il y avait des larmes qui ressemblaient davantage à du feu. que de l'eau dans les yeux.

« Que voulez-vous dire par venir opposer mes parents à… M. Curtis? Vous faites semblant d'être un de ses amis. Pourquoi fais-tu ça ? Et de quel droit interférez-vous avec moi ?

«Aucun au monde», dit vivement Durant; « aucun au monde ! moi non plus. J'ai dit à votre mère la vérité sur les Curtis, comme je pensais devoir le faire.

« Pourquoi étais-tu obligé de le faire ? *Je* ne vous ai pas demandé de nous donner des informations. Vous auriez pu me consulter d'abord, ou... M. Curtis. Si nous étions prêts à ce que rien ne soit dit à leur sujet, à ne rien avoir à faire avec eux, est-ce que cela vous regardait ? Ne pensez-vous pas que c'est comme une personne occupée, un intrusif, M. Durant ? Je me demande que tu n'as pas honte de toi ! dit-elle, la passion s'exhalant et les larmes coulant malgré elle, chaudes et soudaines, de ses yeux. « Toi, un gentleman ! si c'avait été un bavardage idiot sur une femme, je n'aurais pas été surpris.

Ceci, comme on peut le supposer, a énormément irrité Durant, car quoi de plus dur pour un homme que d'être traité de commère et de femme ? Mais il était maître de lui-même.

« Je suis désolé, dit-il, d'avoir causé quelque ennui ; Je n'avais aucune intention de le faire.

« Alors quelle était votre intention ? » dit-elle; « Je suppose que tu en avais un. Il serait plus honnête de me dire directement ce que vous voulez dire.

« Je n'ai aucune objection à vous dire ce que je veux dire, dit-il, comme je l'ai dit à votre mère. Les Curtis sont mes amis. Je les connais parfaitement et je sais que votre mariage les chagrinera jusqu'au cœur. Pardonnez-moi si je dois parler clairement. Cela ne vous offense pas personnellement, car ils ne vous connaissent pas. Arthur ne leur a fait part de la démarche qu'il allait faire qu'au dernier moment ; seulement, en fait, après en avoir été informés par une autre source. Ils sont profondément offensés, comme on peut facilement le supposer. Il ne s'est pas comporté envers eux comme il le devrait.

"Vous ne direz rien contre M. Curtis, s'il vous plaît."

« Mais je dois dire quelque chose à son sujet… Arthur ! Avez-vous une idée, Miss Bates, de ce qu'Arthur a été pour moi ? Mon compagnon depuis qu'il faisait *cette* taille ; mon jeune frère, mon protégé ; non, presque mon enfant. Et tu me dis que je ne dois pas parler de lui ! Est-ce possible, selon vous ? Mon affection pour Arthur me donne le droit de lui dire n'importe quoi… ou de lui.

« Il n'y a personne au monde, dit-elle les lèvres tremblantes, qui ait autant de droits sur lui que moi. »

Durant a levé les épaules et les mains dans l'excitation du moment. « C'est ce qu'il paraît, dit-il, c'est ce que je suppose, même si, Dieu le sait, comment cela devrait-il être ainsi est le dernier des mystères. Bien! disons qu'il vous appartient, et que ni son plus vieil ami, ni son plus proche parent n'a le droit de discuter de lui si vous l'interdisez. C'est la folie la plus folle, mais je suppose, comme vous le dites, que c'est vrai. Et alors, Miss Bates ? *il t'aura* , mais il n'aura rien d'autre. Tous les autres seront séparés de lui ; ses parents non seulement offensés, mais blessés au cœur ; ses amis se sont aliénés, sa position a été perdue. Que sera-t-il alors et que fera-t-il ? Un homme ne peut pas être un amoureux et rien d'autre toute sa vie. Il s'en lasserait, et vous vous en lasseriez ; mais il n'aura rien sur quoi s'appuyer ; et après tout, si un homme défie ses parents et se débarrasse de leur influence, pourquoi s'efforceraient-ils de lui assurer les moyens de les défier ? Ils ne le feront pas — pourquoi le feraient-ils ? et vous constaterez que vous avez épousé la pauvreté, l'impuissance et le mécontentement.

« Et si je le fais, dit-elle, cela montrera-t-il que je me marie pour de l'argent ? Espèce de méchant homme ! Espèce d'ami cruel ! Allez dire à tout le monde que c'est parce qu'il sera riche, parce que je serai ma dame, que je vais épouser Arthur. Comment oses-tu! comment oses-tu! Mais si les choses se passent ainsi, vous découvrirez tous des choses différentes ; vous constaterez que ce n'est pas pour son argent ni pour son rang. S'en aller!" s'écria-t-elle en serrant une main petite mais forte et pleine d'énergie passionnée ; "s'en aller! et ne mentez pas sur moi.

Durant était impressionné malgré lui ; il essaya de sourire, mais n'y parvint pas, et il essaya de se mettre en colère, mais ne put s'empêcher d'exprimer un certain mi-respect, mi-admiration.

« Je ne ment pas sur vous ni sur qui que ce soit », dit-il ; "Je te préviens-"

"Préviens moi! de quoi? que j'aurai un moyen de montrer si je suis vraie ou non, dit-elle, si je suis bonne ou non ; et tu penses que ça va *me faire peur* ! M. Durant, si sa mère vous a envoyé, vous pouvez revenir et lui dire ce que je dis. Vous m'avez mis au défi de l'abandonner, et je ne l'abandonnerai pas ; et si je devais l'abandonner cent fois, cela ne ferait aucune différence, car il ne m'abandonnerait pas. Tu peux lui dire tout ça. Il peut se passer d'elle, mais il ne peut pas se passer de moi.

"Pensez-vous que c'est une chose gentille à dire à une mère?"

«Je m'en fiche», dit Nancy, «vous m'avez dit pire; et c'est vrai — et donc c'est toujours vrai. Je dirais la même chose à ma propre mère. Qu'est-ce qu'une mère ? ils n'ont pas choisi de nous avoir ; ils ne nous ont pas choisis hors du monde ; et maintenant que nous sommes ici, nous devons faire de notre mieux pour nous-mêmes. Vous pouvez aller où vous voulez lors de vos missions, M. Durant, mais pas ici : vous ne viendrez pas ici ; et si vous venez jusqu'à la fin du monde, vous ne servirez à rien, car ils ont plus confiance en moi — et c'est ce qu'ils devraient — qu'en un avocat rusé comme vous. Nous savons ce que veut dire l'avocat, dit la jeune fille excitée en lui montrant une fois de plus son petit poing fermé au visage, menteur ! et cela se voit en vous.

Sur ce, elle se retourna et s'éloigna brusquement, tournant le coin du haut mur du jardin et disparaissant dans un tourbillon d'excitation et d'émotion, tandis qu'il restait abasourdi, la regardant fixement. Durant resta immobile et regarda, la bouche ouverte dans l'extrême surprise. Il était trop surpris même pour être en colère ; mais il était décontenancé, il n'y avait aucun doute sur cette sensation. Alors qu'il s'occupait de la jeune fille excitée, un sentiment de petitesse, presque de bassesse, l'envahit. Il avait voulu sauver Arthur, mais il n'avait pas pris en considération l'autre créature humaine, qui était tout aussi importante qu'Arthur pour le monde ; et il n'avait pas réalisé à quel genre d'être il avait affaire lorsqu'il avait rédigé son propre mémoire, pour ainsi dire, et s'était instruit sur la ligne d'argumentation à poursuivre. Avocat, menteur ! c'était une épine acérée. Il put en sourire faiblement, tandis qu'il se relevait et retournait lentement à son auberge ; mais il ne pouvait pas se débarrasser du sentiment d'échec, du sentiment de petitesse et de méchanceté qui l'avait envahi. Non seulement il avait trouvé un ennemi digne de son acier, mais elle l'avait dérouté et lui avait fait honte même à ses propres yeux.

CHAPITRE VII

NI les ennuis de Durant n'étaient terminés ce jour-là. Le soir, une autre tempête s'abattit sur lui. Il avait terminé son dîner solitaire et écrit sa lettre à Lady Curtis, qui était considérablement différente de ce qu'elle était censée être. Il avait voulu dire qu'il avait de grands espoirs d'avoir réussi à convaincre les Bates que ce n'était pas dans leur intérêt de permettre à Arthur d'épouser leur fille ; mais après son entretien avec Nancy, il ne pouvait pas le dire. Au contraire, il donna une description de sa future belle-fille qui était bien plus favorable à cette jeune femme qu'on aurait pu l'espérer.

"Elle a beaucoup de caractère", a-t-il écrit. « Elle n'est pas vulgaire de nature, ni dénuée d'intelligence. Si les choses tournent au pire, on pourrait faire quelque chose d'elle.

Ce n'était pas très satisfaisant pour Lady Curtis, qui aurait presque préféré entendre que son fils était sur le point d'épouser un démon incarné, qui le dégoûterait tôt ou tard, et dont même encore il pourrait être chassé. Ce pauvre Durant avait donc doublement perdu son travail.

Il terminait cette lettre lorsque sa porte s'ouvrit brusquement et Arthur Curtis entra à l'improviste. Il était tout pâle, avec des yeux rouges et colériques, et un air de calme furieux, de passion au stade blanc à laquelle aucune parole ne suffirait. Il entra, ferma la porte derrière lui, puis, s'avançant, jeta sa main crispée sur la table.

« Écoutez, » dit-il, « je n'accepterai aucune de vos interférences, Durant. Vous pouvez être ami, si vous voulez, mais dictateur pour moi, jamais – non, je ne peux pas le supporter, et je ne le supporterai pas. Qu'est-ce qui vous est arrivé pour pouvoir pénétrer dans les maisons des gens et essayer de tromper beaucoup de femmes idiotes ? Ce n'est pas le genre de choses qui vous convenaient auparavant.

"Je n'ai trompé personne", a déclaré Durant, devenant rouge malgré lui. "C'est vous qui les avez trompés."

"Oui, c'est ça, n'est-ce pas ? L'argument convient à la conduite", dit Arthur avec un ricanement. « Ce n'est pas moi, c'est vous », c'est précisément la chose à laquelle j'aurais dû m'attendre ; mais écoute, Durant, si tu te mets encore une fois entre elle et moi, si tu essaies de semer le trouble dans sa famille, si tu me causes de nouveaux ennuis, je... par Jupiter, je...

"Que ferez-vous?" » dit Durant en se levant, revenu à son sang-froid et en regardant l'autre fixement en face.

Ils se tenaient à quelques pas l'un de l'autre, l'un agressif et furieux, l'autre calme mais excité. Ils n'avaient jamais eu de répit depuis leur enfance et s'étaient soutenus l'un l'autre dans toutes sortes de difficultés. C'était dans l'esprit de Durant et cela rendait la crise encore plus amère pour lui ; mais Arthur était trop excité pour y penser, ou pour autre chose que son grief. Malgré cela, le regard calme du visage familier qui lui faisait face calma le jeune homme. Il se détourna au bout d'un moment et se mit à arpenter la pièce avec colère.

"Toi!" il a crié : « Toi ! Si quelqu'un m'avait dit que vous ne me soutiendriez pas dans une difficulté, que vous ne me seriez pas d'une aide dans aucun problème, je ne l'aurais pas cru. Cela aurait semblé impossible ; et que tu prennes les armes *contre* moi... contre *moi* !... *toi* , Durant !

« Arthur, dit son ami avec beaucoup d'émotion, parlons franchement. Tu dois toujours être pour moi, lorsque tu es en difficulté, la première personne à qui je pense. Je ne peux pas croire, pas plus que vous, dans des circonstances où je ne devrais pas vous soutenir ; mais écoute ! vous n'êtes pas en difficulté maintenant ; vous êtes sur le point, à mon avis, de commettre une grave erreur. Rien ne peut être plus différent. De même que votre ami est tenu de vous aider en cas de problème, il est également tenu par toutes les règles de faire de son mieux pour vous dégager maintenant.

"Pour me dégager!" s'écria Arthur avec mépris. « De quoi ? De l'amour, du bonheur et de l'honneur ? Est-ce que ce sont là des choses dont on peut tirer un homme ? Et pas seulement, mais travailler par des moyens sournois pour me forcer à quitter la position que j'ai choisie et qui, quoi qu'on en pense, est pour moi le paradis.

"Je n'ai pas travaillé sournoisement."

« Comment pouvez-vous l'appeler autrement ? Tu aurais pu me dire ce que tu voulais. Vous étiez libre de dire ce que vous vouliez ; mais pour les attaquer... dans mon dos...

« Arthur, dit Durant, il est inutile d'éluder la question ; c'est justement un de ces moments qui sont souvent fatals à l'amitié. Vous pensez être à la veille du bonheur. Je pense que vous garantissez votre propre misère. Dois-je vous aider à vous détruire ? pensez-vous que c'est un devoir d'amitié ? ou n'est-ce pas plutôt mon rôle, par tous les moyens possibles, de vous arrêter avant que vous ne franchissiez le précipice ?

« Vos paroles mêmes sont une insulte », dit Arthur ; "pour moi et pour celui qui m'est plus précieux que moi-même."

"Pourtant, je suppose que j'ai peut-être mon opinion", a déclaré Durant. « Vous ne pouvez pas me l'interdire. Je ne dis rien contre personne. Je dis seulement que cela vous sera fatal, et il me semble que si je pouvais l'empêcher...

"Vous ne pouvez pas plus l'empêcher que vous ne pouvez empêcher le soleil de se lever demain."

«Je suis vraiment désolé de l'entendre, Arthur. Je donnerais beaucoup si je le pouvais. Pensez au changement que cela apportera dans votre vie. Vous n'obtiendrez pas votre diplôme maintenant. Quant à la diplomatie, vous en êtes exclus, ce serait impossible. Il en sera de même du Parlement et de la vie publique à laquelle vous pensiez autrefois. Votre propre entreprise de gentleman de la campagne dont vous êtes tenu à l'écart tant que votre père est vivant. Vous n'avez pas le temps pour autre chose. Où seront votre chasse, votre pêche, votre chasse en saison, votre société ? Vous devrez vivre de votre allocation, avec parcimonie, économiquement, sans cheval, sans marge. Tout abandonné pour… quoi ?

"Pour *elle*, pour le bonheur, pour tout ce qui fait que la vie vaut la peine d'être vécue."

"Pour le bonheur? Je n'en sais pas grand-chose, Arthur ; cela ne m'est pas arrivé. Est-ce un objet suffisant pour la vie d'un homme ? Quand vous vivez pour le bonheur, êtes-vous heureux ? Je demande des informations. Moi, je m'en sors assez bien, mais je n'ai jamais fait de grands efforts pour un pareil objet. Est-ce que cela répondra à l'objectif ? va-t-il rembourser le coût ?

"Vous essayez de me tromper par ma juste indignation", dit Arthur, "sommes-nous en mesure en ce moment de discuter de la situation avec votre sang-froid ? Oh, j'avoue que c'est intelligemment fait ! vous reprenez le ton ancien, vous revenez à l'habitude de bien des discussions. Mais pour le moment, cela ne suffit pas. Il y a quelque chose de plus urgent à faire.

« Pourquoi cela ne devrait-il pas être le cas ? Vous êtes contrarié que j'aie parlé à la famille Bates ; mais après tout, comme j'ai été mis en déroute par la jeune dame elle-même et que j'ai été expulsé du champ de bataille…

« Vous le reconnaissez ! » » dit Arthur d'une voix maîtrisée, « ah, je pensais que tu étais plus sensé que tu ne le penses. Elle est grandiose quand elle est excitée. Eh bien, Durant, je suppose que cela ne sert à rien de se plaindre de vous. Vous me connaissez, quand nous nous disputons, j'ai toujours envie de me réconcilier demain. Je ne peux pas me passer de toi, mon vieux ; ce n'est pas ce que je suis venu dire ; mais c'est trop fort pour moi. Je te veux, Durant ; tu as toujours été à mes côtés. Cela ne semble pas naturel que vous soyez de l'autre côté.

"Je ne suis pas de l'autre côté", a déclaré Durant avec componction. Il y avait certaines choses dans sa lettre à Lady Curtis qui lui revenaient et lui donnaient une sensation d'étouffement. Ses intentions avaient été amicales, mais ses actes… Eh bien ! comme ils avaient échoué, ils n'avaient pas beaucoup d'importance ; et lui aussi avait du mal à résister au visage et au ton familiers.

S'il avait pu faire du bien ; mais comme cela était impossible, pourquoi faire une brèche douloureuse ? Il tendit la main à son ami. « Écoute, Arthur, dit-il avec un sourire, à quoi sert de se battre ? Si je pouvais arrêter votre mariage, je le ferais ; mais apparemment je ne peux pas ; Je ne vous cache pas que je suis bien désolé ; mais si vous faites cette chose très stupide, il semble dommage que vous perdiez aussi un ami.

Arthur ne prit pas la main qu'on lui tendait ; mais il s'assit d'un air quelque peu maussade de l'autre côté de la table, puis il y eut une pause, car ni l'un ni l'autre ne savaient quoi dire.

« Je retourne en ville demain, » dit Durant, « je n'entreprendrai pas de favoriser vos perspectives ; mais si vous désirez qu'une communication soit faite… pour atténuer la méchanceté, Arthur… »

« Méchanceté ! Je n'ai fait aucune méchanceté.

« Quoi… régler tout cela sans aucune référence à eux, sans explication, sans chercher à s'assurer leur sympathie, leur approbation… »

"Approbation! c'était une chose probable ; à quoi bon lancer des appels ou donner des explications ? Voici un exemple; dès qu'ils entendent, ils vous envoient préparé et prévenu contre cela. J'ai répondu à leurs questions ; mais je savais que c'était inutile, et pourquoi devrais-je m'humilier moi-même, et *elle* ? Lorsqu'il est irrévocable et inaltérable, j'ai toujours eu l'intention de le leur faire savoir en entier et de m'en remettre à leur merci.

« Il est clair que vous attendez d'eux plus de magnanimité qu'ils n'en ont trouvé en vous. »

"Eh bien," dit froidement Arthur, "un homme doit avoir des parents queer s'il ne prend pas cela pour acquis. Ils supportent les choses quand ils ne peuvent pas s'en empêcher. A quoi bon les inquiéter avec une opposition (qu'il était clair qu'ils devaient faire) et qui ne pouvait qu'irriter les deux partis ? Non, cela n'a pas été fait par inadvertance, cela a été fait en connaissance de cause. Si tu n'as jamais appris, mon vieux, l'avantage de faire une chose sans permission plutôt qu'en face d'une interdiction, ça fait toute la différence, dit Arthur avec un rire rauque et soudain, qui se termina aussi brusquement qu'il avait commencé, et qui s'étaitompa. tout sauf de l'humour dans le son. – Non, je n'ai pas d'instructions à vous donner, j'écrirai aussitôt… enfin, après notre mariage ; pourquoi devrais-je faire quelque chose avant ?

"Arthur, pour l'amour de Dieu!" s'écria son ami, « attends encore, réfléchis à ce que tu fais. »

« Ça suffit, ça suffit ! ne risquez pas encore une fois notre amitié, juste après qu'elle ait été renouvelée ; et comme vous le dites, si je dois faire quelque chose d'aussi imprudent, ne me laissez pas au moins perdre mon ami aussi, dit-il en regardant Durant avec des yeux qui riaient, mais qui n'étaient pas loin des larmes, et lui saisissant la main précipitamment. « Je suis heureux que nous ne nous séparions pas pour toujours, mon vieux, comme je le craignais presque : même si je ne devrais pas me demander si le lendemain matin, après notre séparation pour toujours, je t'avais mis en cloque pour te dire quelle folie c'était. Une douzaine d'années ne s'effacent pas si facilement, n'est-ce pas ? après tout."

Ils restèrent un moment à se serrer la main, tous deux trop émus pour pouvoir prononcer des mots. Y avait-il un adoucissement, un pli dans la poitrine d'Arthur ? les liens de la vie familière qu'il avait connue autrefois, les affections fidèles et éprouvées, la famille, les amis, le foyer, revenaient-ils sur lui, déferlant sur la passion brûlante du nouveau ? Durant le tint fermement pendant un moment plus long que ne le tenait son ami, puis, avec un soupir, laissa retomber sa main. Il n'osera pas soulever à nouveau toute la question. Il faut s'en remettre à la raison, à son propre cœur, enfin, à cette direction de Dieu à laquelle, quand tout échoue, nous pouvons faire confiance ou nous méfier selon le cas. De toute évidence, l'amitié n'avait plus rien à faire ni à dire. Et qu'aurait-on pu faire ou dire avec justice, se demanda Durant alors qu'il se laissait tomber à nouveau dans son siège après le départ d'Arthur ? Quelqu'un pouvait-il espérer ou s'attendre à ce que la direction de Dieu le conduise à rompre l'engagement le plus sacré qu'un homme puisse prendre ? S'il le faisait, sa famille pourrait se réjouir, mais que pourrait-on penser d'Arthur, même les plus soulagés ? Il pourrait échapper à la ruine, mais par quoi ? mensonge. Et lequel était le pire ? Quelqu'un pourrait-il oser aller vers lui et lui dire : Rejetez ces vœux que vous avez si souvent répétés, rejetez cette autre créature aussi chère au ciel que vous, que vous avez persuadée de votre amour, brisez-lui le cœur, gâtez-lui la vie, et puis retourner chez toi impeccable, homme honorable ? Si un tel conseiller pouvait l'être, Durant se sentait incapable de cet effort : il sentait même qu'avec son respect, son amour même pour Arthur s'évaporerait s'il le savait capable d'une telle trahison et d'une telle bassesse. Et pourtant c'était ce qu'il lui avait conseillé ! Pas étonnant que le jeune amant, étant un vrai homme, se soit indigné. Et pourtant, c'était la ruine pour Arthur, cela ne faisait aucun doute. Cette fille si pleine d'entrain, si jolie, si jeune, si séduisante de cent manières, serait sa destruction, le séparant de sa place originelle et naturelle, coupant court à sa carrière, neutralisant tous ses avantages. Hélas pour l'amour, l'amour des poètes ! Au prix de quel sacrifice ce jeune homme a-t-il dû acheter cette couronne de vie ! au prix de sa maison, de son avenir, de l'utilité même qu'il avait en tant qu'homme. Pourtant, toutes ces considérations ne justifieraient pas la trahison de la créature qui l'aimait, ni la rupture de sa foi. Dans ce dilemme, son ami ne pouvait que se taire même en pensant, avec une certaine honte de lui-même et une certaine horreur de ses propres efforts, bien qu'il ait eu raison de les faire, ce qui est l'un des plus merveilleux paradoxes humains. Son cœur était lourd car Arthur se dirigeait gaiement vers sa destruction. Pourtant, s'il s'était sauvé à cette onzième heure, qu'aurait-on pu penser d'Arthur ? Durant ne pouvait qu'éprouver une sensation de soulagement de ne pas être si courageux et si sage.

Le lendemain matin, il quitta Underhayes, sans plus rien voir ni des amants, ni du petit groupe qui les entourait ; mais non sans un autre rappel amusant des responsabilités qu'il avait encourues en intervenant. Il n'avait aucune objection à se rendre à Londres par ce train rapide du matin qui emportait tous les hommes d'affaires. Il les regarda une fois de plus défiler, nets et joyeux, avec des boutons de roses chéris à leurs boutonnières – des boutons de roses hors de portée du reste du monde ; et quand l'endroit fut dégagé et l'express parti, nous partîmes tranquillement vers un train moins fréquenté. Il ne lui vint pas à l'esprit de remarquer un pas rapide et décisif se profilant derrière lui, alors qu'il se dirigeait vers la gare. Ce n'était pas le pas rapide et élastique d'Arthur qui aurait pu le réveiller ; mais un plus lourd et plus décidé. Durant cependant fut très surpris de se trouver frappé légèrement mais brusquement à l'épaule, alors que le propriétaire de ce pas s'approchait de lui. "M. Durant, dit M. Eagles, pourquoi Curtis n'est-il pas avec vous ? Je t'ai dit que je m'attendais à ce que tu emmènes ton homme. Pourquoi le laisses-tu filer entre tes doigts ? Je ne peux pas l'avoir ici.

"Je vous ai dit, M. Eagles, que je n'avais aucune autorité sur Curtis."

« Personne n'a d'autorité ; ça n'existe plus aujourd'hui : appelez ça influence si vous voulez, les noms ne me dérangent pas – mais emmenez-le. Il ne fait rien de bon avec moi. Je ne l'ai jamais fait après la première semaine. Homme dilettante, passionné de lecture classique ; ce n'est pas le genre de chose qui m'intéresse, M. Durant. Quand un homme vient me voir, il vient travailler, que cela lui plaise ou non. Je ne suis pas à moitié sûr de ne pas les préférer quand cela leur déplaît, triomphe du principe donc. Curtis est pire que de ne rien faire de bien, comme je vous l'ai dit, il se fait du mal. Que comptez-vous faire de cette affaire ? Doit-il se ridiculiser et détruire toutes ses perspectives ?

«Je dois répéter que je n'ai aucune autorité sur Arthur Curtis», a déclaré Durant, «je ne suis que son ami et camarade d'école. Vous savez combien peu un homme permet à son ami de s'immiscer dans une telle affaire.

« Au contraire, je sais qu'ils sont les seuls à pouvoir intervenir. Les parents pourraient tout aussi bien siffler. Cela ne m'étonne guère : si l'on peut parler si largement d'une classe aussi nombreuse, il n'y a pas de plus grand ennui que les parents ; et dans ce genre d'affaires, ils sont désespérés. Mais un homme comme lui, connaissant toutes les conséquences, eh bien, personne ne pouvait parler avec autant d'autorité.

« Que me conseilleriez-vous de lui dire ? » dit Durant, avec une sorte d'espoir que cette intelligence vive et énergique pourrait formuler quelque nouvelle suggestion, tempéré par une inclination à rire et à se moquer de toute solution qu'il pourrait offrir à la difficulté. « Pour ma part, je suis à bout de nerfs. »

"Dis lui!" dit le petit pédagogue avec un reniflement et une bouffée de résolution enflammée. « Je l'emmènerais, je ne devrais pas perdre de mots. Je le ferais sortir de là avant la fin de la journée. Il n'y a rien de tel que l'isolement face à une mauvaise maladie.

« Il y a des difficultés », a déclaré Durant, « le faire partir en premier lieu n'est pas facile ; et il y a peut-être un droit à l'honneur… Je ne sais pas comment lui conseiller d'annuler sa parole.

"Honneur! mot!" » dit M. Eagles, en reniflant successivement, « Je peux voir à quel point vous êtes qualifié pour l'entreprise. Des bâtons de violon ! un peu d'argent ensuite sauverait tout cela. Doit-il se ruiner à cause de sa parole… à Bates, la fille du percepteur des impôts ! La force du ridicule semblait incapable d'aller plus loin. "Je n'aurai pas recours à vos conseils, M. Durant, sans vouloir vous offenser, quand l'un de mes hommes est en difficulté."

« Merci, j'espère que vous ne le ferez pas », dit Durant, agacé ; et ainsi se précipita vers son train avec une indignation et une excitation considérables. Sa parole à la fille de Bates ! n'était-ce pas aussi bon que sa parole envers une duchesse ? se demanda le jeune homme. Il était sur le point de devenir l'avocat d'Arthur plutôt que son adversaire. Et si Lady Curtis l'avait agressé comme l'avait fait M. Eagles, que devrait-il lui dire ? Doit-il perdre tout espoir de plaire à la famille à cause de ce dilemme moral ? Durant n'avait aucun espoir que le plaisir qu'il pourrait faire à la famille les inciterait réellement à exaucer ses propres souhaits privés qui n'avaient jamais été soufflés à aucune oreille. En bref, il savait, aussi bien qu'un homme peut le savoir par la conviction de l'entendement, que ces désirs étaient absolument sans espoir, et que rien de ce qu'il pourrait faire pour apaiser la famille ne les affecterait réellement. Mais il gardait néanmoins l'espoir de se montrer utile, de faire quelque chose qui les concilierait et les disposerait à son égard. Jeune homme insensé ! et si Nancy Bates, avec son indignation impétueuse, sa confiance en elle, sa forte satisfaction face à la pauvreté d'Arthur, qui prouverait son désintéressement, gâchait tout ?

CHAPITRE VIII.

"Il est allé; il ne vous dérangera plus jamais, et j'espère que vous lui pardonnerez, ma chère, pour mon bien. Pauvre vieux Durant, il a toujours pris soin de moi et m'a toujours intimidé. Quand j'étais à Eton, j'étais son pédé. Je ne pense pas qu'il puisse l'oublier.

«Je n'ose pas le dire», a déclaré Nancy, «il pense qu'il devrait toujours avoir le dessus. Il pense que vous ne devriez jamais avoir d'amis autres que ceux de son choix. Et puis il ira raconter des histoires sur nous à ton père et à ta mère.

"Je ne pense pas que vous lui rendiez peut-être tout à fait justice", dit Arthur, songeur, le visage rougi. « Le vieux Durant n'est pas comme ça. Le pire qu'il ait à dire, il le dira à vous-même, pas dans votre dos ; et il ne bavardera pas sur vous.

« Il est libre de bavarder autant qu'il veut, en ce qui me concerne ; mais je n'aime pas ce genre de gens – et je ne céderais pas à eux – pour rien au monde !

"M. Durant est parti, n'est-ce pas ? » dit Sarah Jane d'une voix consternée. « Vous êtes tellement égoïstes vous deux ! Quel mal faisait-il ? Je suis sûr qu'il était très gentil. Pourquoi l'avez-vous renvoyé ? C'est tellement comme toi, Nancy, te lancer dans l'une de tes crises et ne jamais penser à gâcher le plaisir des autres – ce que tu fais toujours.

« Hillo ! » » dit Arthur, à moitié amusé, à moitié en colère, « qu'est-ce que Durant a à voir avec le plaisir des autres ? Ce n'est pas du tout une personne drôle à ce que je sache.

"Oh! il ne vous le montrera peut-être pas, mais M. Durant est de très bonne compagnie », a déclaré Sarah Jane en secouant la tête. « Il n'est pas terriblement vieux pour que vous puissiez l'appeler Vieux Durant ; et je suis sûr que s'il aime revenir ici, j'en serai très heureux. Et je pense qu'il le fera aussi », dit la jeune fille en levant son nez idiot mais pas désagréable. Il était de l'ordre de la pointe inclinée et pouvait exprimer une grande confiance en soi piquante et à moitié impertinente. Arthur la regarda fixement, avec une sorte d'offense douloureuse l'envahissant. Cela le mettait en colère de façon tout à fait déraisonnable que cette fille idiote puisse supposer que Durant… *Durant*, entre tous les êtres humains au monde ! était intéressé par sa joliesse rose – l'idée le choquait assez. Il murmura à Nancy, dans le coin, une petite admonestation.

« Tu ne devrais pas laisser cette fille parler ainsi », dit-il. « Pour l'entendre bavarder sur Durant ! C'est comme une pie et un aigle. Toi qui as tellement plus de bon sens, tu ne devrais pas la laisser faire. Cela met en colère malgré soi.

C'était un murmure dans la confiance de leur proximité et de leur unité ; mais Nancy a répondu à voix haute : « Pourquoi ne devrait-elle pas parler de Durant si elle le souhaite. Il n'est pas meilleur qu'elle. Pie, en effet ! tu es très impoli, Arthur. Je pense que ma sœur est tout aussi bonne que ton amie, même si elle était une amie plus gentille que Durant.

« Est-ce qu'il a dit que j'étais une pie ? dit Sarah Jane. « Ah Nancy ! et moi, je le défends toujours. Je l'ai fait à Durant lui-même. J'ai dit que nous aimions tous beaucoup Arthur, que nous ne croirions aucun mal d'Arthur. Oh! et de me traiter de pie ! Je n'aurais pas pu le croire de sa part », et la jeune fille versa une pluie de larmes faciles.

"Vous voyez, c'est comme ça que ça se passe", a déclaré Nancy. « Durant vient ici et essaie de faire du mal, et vous me dites non, il n'a rien fait de mal ; ce ne sont que ses idées erronées ; il ne dira rien aux autres aussi mal qu'il le dit à nous-mêmes. Tout cela est très bien, Arthur ; mais quand je vois le contraire, c'est vous-même qui insultez ma famille pour le bien de Durant !

"Mon chéri," dit humblement Arthur, "ne le fais pas, je t'en supplie ! Ne le fais pas si tu tiens à moi, dis Durant !"

"Qu'est-ce que je devrais dire?" s'écria Nancy, de plus en plus excitée. "M. Durant, mon Lord Durant, peut-être ? Oh, soyons respectueux, Sarah Jane ! Nous ne savions pas que c'était la royauté qui arrivait. Arthur est lui-même assez humble, mais dès le moment où nous nous mettons en place pour être aussi bon que son ami, cela se voit. Et j'aimerais savoir pourquoi nous devons nous mettre à genoux devant *Monsieur* Durant ? Pourquoi Sally ne devrait-elle pas s'amuser avec lui si elle le souhaite ? Oh, laisse-moi tranquille, mère ! ne continue pas à me faire un clin d'œil et à hocher la tête. Arthur peut s'offusquer s'il le souhaite, il peut se retirer complètement s'il le souhaite - qu'est-ce que ça m'importe ? Pensez-vous que je vais m'allonger pour que sa famille puisse marcher dessus et cracher dessus, ainsi que tous ses amis ? Pas moi ! S'il s'attend à cela, il compte sans Nancy – et il le verra bientôt.

« Oh, Arthur, ne vous occupez pas d'elle », s'écria Mme Bates, « elle est juste dans une de ses crises de colère. La plupart du temps, Nancy est douce comme un agneau, mais quand elle est excitée, elle est excitée ; et vous admettrez que c'est aggravant. Non, mais M. Durant s'est montré très courtois, je n'ai pas un mot à dire contre lui. En effet, je l'aimais plutôt, ce que je voyais de lui. Vous êtes tous les deux trop susceptibles, voilà ce que c'est ; Nancy ne supporte pas que sa sœur soit traitée comme si elle n'était personne, et Arthur n'aime pas plaisanter sur son ami. Mais là, là maintenant, embrassez-vous et soyez amis, les enfants ! Si vous vous disputez, vous vous rendez mutuellement malheureux, et vous devenez malheureux vous-même. La veille et la nuit dernière en ont été gâchées. Ne continuez pas, maintenant il est parti.

"Je n'ai pas envie de continuer", dit Arthur plutôt sombre. Il s'était levé à côté de sa fiancée et marchait de long en large en se rongeant les ongles, comme il le faisait. Il n'y avait certainement aucune raison au monde pour qu'il soit si sensible à propos de Durant. Les prétentions sociales de Durant étaient bien en deçà des siennes et il avait trouvé son destin dans cet humble endroit ; pourquoi chaque veine devrait-elle vibrer à l'idée que Durant, qui n'était après tout que le petit-fils du sellier de Bond Street, devrait flirter avec Sarah Jane ? Mais la nature est déraisonnable. Vraie ou fausse, cette suggestion le remplissait d'agacement et de dégoût ridicules.

« Eh bien, maman, dit Nancy, si ma sœur n'a pas le droit de plaisanter sur son ami, pourquoi devrait-il faire semblant d'être amoureux de moi ? Sarah Jane est aussi bonne que moi. Elle est exactement la même que moi. Elle est plus jeune et la plupart des gens la trouvent plus jolie. Si Durant est trop bien pour elle, il va de soi qu'il *est* trop bien pour moi.

"Pour l'amour du ciel, qu'il y ait une fin à cela !" s'écria Arthur. « Vous ne savez pas l'effet que vos paroles ont sur moi. Ils me rendent malade, ils me rendent malheureux. Je ne dis rien contre Sarah Jane. Je n'ai jamais été le moins négligent, le moins irrespectueux envers votre sœur.

"Non, en effet", dit Sarah Jane, qui était elle-même de bon caractère, "Arthur n'a jamais monté sur de grands chevaux avec moi. Il a toujours été gentil. Cela ne vaut pas la peine d'en parler. Beaucoup de gens sont susceptibles avec leurs amis, plus susceptibles qu'avec eux-mêmes.

« Mais, » dit Arthur en se rasseyant sur le canapé et en reprenant le murmure de son amant, « ce n'est pas vous ; tu es toi-même, ma propre Nancy, ma fleur parmi les mauvaises herbes – il n'y a personne comme toi ; tu ne sais pas que je le pense ? Alors ne vous attendez pas à ce que je les mette, eux ou n'importe qui d'autre, au même niveau que vous.

Nancy se retint et grommela encore, fermant l'oreille à ces doux mots. Mais Sarah Jane s'était retirée du champ de bataille, et sa mère lui faisait des signes secrets, dépréciant sa folie. Pourquoi devrait-elle « continuer » ainsi et inquiéter Arthur ? Ainsi, au bout d'un moment, l'agitation s'est calmée. Durant était parti sain et sauf hors des lieux, et ce n'était qu'une dizaine de jours après le mariage. Ce devait certainement être la dernière des tempêtes, même si ce n'était en aucun cas la première. La maison était trop petite pour déborder de chapellerie, comme le font la plupart des maisons à un tel moment, et les Bate n'étaient pas assez riches pour aménager largement la mariée ; mais pourtant ils faisaient ce qu'ils pouvaient pour elle. Même si elle n'avait que de la mousseline blanche pour sa robe de mariée, sa mère était allée chez Shoolbred acheter à Nancy une « soie » pour le meilleur, qui, à l'exception des anciennes de sa tante, était la première « soie » qu'elle ait jamais eue. Et tout avançait. Arthur, s'il avait pu y parvenir, aurait eu une sorte de mariage en fuite, mais les Bates étaient respectables et n'entendraient pas parler d'une telle chose. Tout devait être fait décemment et dans l'ordre, quels qu'en soient ses sentiments. C'était le premier mariage de la famille et ils voulaient lui rendre justice. Mais quand Arthur retourna dans sa chambre dans la spacieuse maison de M. Eagles ce soir-là, son cœur était plus lourd qu'il ne deviendrait le cœur d'un futur marié. Jusqu'alors il avait su éteindre en riant les incongruités de sa position ; ils semblaient même donner du piquant à son bonheur et aux perfections de la belle épouse qu'il avait trouvée dans un lieu si humble. Qui aurait pu penser à cet endroit en la voyant ? Et Nancy en réalité était pleine de variété et de charme, et la cour avait été aussi amusante qu'envoûtante, dépourvue de toute cette monotonie qui est la malédiction habituelle d'un amour réussi. Mais la visite de Durant avait provoqué un grand choc chez le jeune homme, et curieusement, toute la force de ce choc ne s'est manifestée sur lui que lorsque Sarah Jane a prononcé son petit discours impliquant un intérêt de sa part pour Durant. Sarah Jeanne ! l'idée était si absurde, si peu naturelle, qu'il rit malgré lui, puis devint brûlant, rouge et furieux.

Cette tentative de répéter sa propre histoire d'amour, avec Durant pour héros et Sarah Jane pour héroïne, semblait jeter le ridicule et l'avilissement sur le petit roman dont, jusqu'à présent, il avait été presque fier. Cela semblait placer Sarah Jane au même niveau que sa sœur, une suggestion qui le mettait en colère. Car il y avait tellement de vérité là-dedans que cette suggestion était intolérable. Aux yeux du monde, peut-être même aux yeux de sa mère et de sa sœur, il ne semblerait y avoir aucune différence entre Nancy et Sarah Jane ; et lui-même pourrait sembler aux autres faire une figure aussi ridicule qu'il aurait l'impression que Durant ferait s'il avait été victime des attirances de l'autre fille. Le sentiment qu'il en était ainsi, même s'il ne voulait pas le permettre en paroles, le hantait comme sous terre, au fond de son cœur, et le rendait plus en colère que tout ce qui l'avait encore fait. Il ne permettait pas que cela soit exprimé en mots, même dans son esprit, mais cela l'avait traversé en un éclair et ne pouvait plus être annihilé ; lui-même doit apparaître aux autres comme méprisable, aussi idiot qu'il aurait ressenti Durant s'il avait voulu épouser Sarah Jane. Et cette idée lui faisait voir tout son monde natal, sa mère et sa sœur, qui, sans doute, à ce moment-là, avaient entendu le récit de Durant et en parlaient, comme le font les femmes, le repassaient sans cesse et y revenaient. encore et encore. Il les voyait dans les grandes pièces de la maison de ville, où ils étaient venus en toute hâte de la campagne en apprenant tout cela, et où il avait été appelé à leur rencontre, bien qu'il ait refusé d'y aller. Comme ces pièces étaient différentes du salon de Mme Bates ! Cela aurait été vraiment étrange si le contraste ne l'avait pas frappé. Il revoyait en imagination les deux visages inquiets proches l'un de l'autre dans l'horizon plus large de leur vie et de leur environnement, le calme spacieux, l'ordre et le raffinement qu'il avait presque perdu de connaissance. Quelle histoire Durant raconterait-il, quel récit donnerait-il ? Placerait-il Nancy au niveau des autres membres de sa famille, ou était-il assez intelligent pour percevoir la grande différence entre eux ? Arthur ne pouvait pas le dire. Si Durant avait effectivement marché et parlé volontairement avec Sarah Jane, était-il possible qu'il puisse percevoir l'infinie supériorité de Nancy ? Ses lèvres se retroussèrent avec le vrai ricanement de scène. Il était prêt à rire du « Ha, ha ! le rire amer du ridicule et du désespoir conventionnels. Il y avait longtemps qu'il n'avait prêté aucune attention à la lecture qui était son prétendu objet, et il se précipita à l'étage dans sa chambre lorsqu'il entra dans la maison de M. Eagles. C'était une grande et belle maison démodée. Il monta à l'étage, heureux que toutes les portes soient fermées et qu'il n'y ait personne pour le rencontrer dans les escaliers pour lui poser des questions désagréables. La veille, M. Eagles lui avait dit quelque chose qui avait offensé Arthur, mais dont il avait été à moitié enclin à rire ; mais il ne riait plus maintenant. A moitié amusé par les circonstances de sa courtisation, il en était venu soudainement, à travers Durant, à avoir une conscience fâchée et blessée de la façon dont cela apparaîtrait au monde. Même celui des Eagles, que doivent-ils penser ? Arthur résolut en toute hâte de ne pas continuer ici, pour se séparer au moins des critiques. Certes, Durant, jusqu'à présent, ne lui avait fait que du mal. Il avait ouvert les yeux, comme les yeux d'Adam étaient ouverts dans le jardin, et une honte brûlante et pleine de ressentiment, non pas à propos de sa Nancy ou de son projet de mariage, mais des idées fausses et ridicules que les gens pouvaient avoir à leur sujet, s'était élevée dans son esprit. son esprit. Rien n'aurait pu être une pire préparation à la visite que M. Eagles lui-même allait lui faire. M. Eagles sentait qu'il avait déjà trop tardé et se mettait en tort par sa non-intervention ; mais la visite de Durant avait brisé la glace pour lui, et il était résolu à ne plus tarder. Arthur avait à peine allumé ses bougies et s'était jeté dans son fauteuil près du feu, que le maître de la maison frappa à sa porte.

"M. Des aigles ! » s'écria-t-il avec une consternation furieuse en le voyant.

Bien sûr, il savait ce qui allait arriver. Il jeta un coup d'œil rapide et instinctif à un portemanteau qui se trouvait dans un coin. Il ferait ses valises immédiatement et s'en irait.

«Je ne vous ai pas vu, Curtis, depuis quelques semaines», dit brusquement M. Eagles. « J'ai eu tort de vous voir à ce sujet. Les hommes viennent ici, vous le savez, pour lire, pas pour d'autres occupations ; mais vous n'avez pas lu.

"Non; vous avez des raisons de trouver à redire, dit Arthur avec franchise. «Je le reconnais. Et le fait est que je suis sur le point de partir. Moi aussi, j'aurais dû vous en parler plus tôt, mais j'ai été occupé.

« Évidemment… et dans quelle mesure ? » dit sévèrement le petit homme. «Je n'ai rien à voir avec votre moralité, M. Curtis. Je ne me suis pas engagé à veiller à votre conduite.

« Conduite… morale ! s'écria le jeune homme.

"Oui Monsieur!" dit le « coach », d'une voix de tonnerre, « conduite et morale. Pensez-vous que cela fasse preuve de moralité ou de conduite en vous dérobant entièrement au but pour lequel vous avez été reçu sous mon toit et en accordant toute votre attention à une histoire d'amour, à une intrigue ?

« Comment oses-tu utiliser un tel mot ? s'écria Arthur ; mais l'effet de son indignation était gâché par le fait que son adversaire était trop volubile et trop énergique pour lui donner son tour de parole, ou autre chose qu'une simple occasion momentanée d'insérer, à la va-vite, un demi-mot.

"Ce n'est pas pour cela que vous êtes venu ici", a déclaré M. Eagles. « Votre père a le droit de se retourner contre moi et de me demander ce que je veux dire par là ; et tous les pères de tous les hommes ont le droit de me traîner sur les charbons pour avoir toléré une telle inconduite. Les parents sont intolérables, mais ici, ils ont peut-être une raison. J'ai eu tort de vous laisser rester sous mon toit.

"C'est facile à gérer", s'écria Arthur précipitamment en saisissant la valise. "Vous serez très bientôt relevé de ma présence."

"Je veux l'être", a déclaré M. Eagles. « Vous auriez dû partir depuis longtemps. Vous n'auriez jamais dû être ici du tout. Oh, dit-il avec un calme provocateur, tandis qu'Arthur commençait avec fureur à vider ses tiroirs dans le portemanteau, il n'est pas nécessaire de sortir ce soir. Rien ne peut arriver avant demain. Je ne veux pas être déraisonnable. Vous pouvez rester cette nuit.

"Pas encore une heure!" s'écria Arthur dans son excitation, et il ouvrit violemment un tiroir après l'autre.

M. Eagles resta debout un moment et le regarda avec un sourire saturnin. Enfin il reprit.

« Tu ferais mieux de partir confortablement quand tu pars ; il n'y a pas une telle précipitation d'un seul coup. Demain fera l'affaire. Est-ce que votre père, puis-je vous le demander, sait comment vous avez passé votre temps ici ?

"Peut-être que vous le lui avez dit," dit Arthur, levant les yeux de ses bagages précipités.

"Non monsieur; Je ne lui ai pas dit. Je n'ai rien à voir avec ça. J'ai expressément dit que je n'étais pas responsable de ma conduite ; mais il aurait quand même dû être informé. J'espère que quelqu'un l'a fait. Si c'était mon affaire, si je m'étais déjà lancé dans ce genre de choses, j'aurais dû le faire. Je ne m'attribue aucun mérite d'être silencieux. Ce n'était pas mon affaire que tu te ridiculises. Mais à la réflexion, je pense avoir commis une erreur. C'était plus ou moins mon affaire. Ces hommes n'auraient pas dû être soumis à un tel exemple.

"M. Aigles, s'écria Arthur furieux, voulez-vous que je vous jette par la fenêtre ou que je vous jette en bas ?

« Vous pouvez essayer, » dit le petit homme, debout comme un roc, les jambes écartées ; « parfaitement bienvenu pour essayer. Je n'ai plus de formation, c'est vrai, mais je n'ai pas peur de toi, et je veux dire que tu devrais entendre la vérité pour une fois avant de quitter ma maison. Votre conduite, Monsieur, a été celle d'un imbécile – pas d'un méchant imbécile, je suis heureux de le dire. Si tu avais trompé cette fille, c'est moi qui t'aurais jeté en bas, entraîné ou pas ; mais bien que vous soyez honorable, vous êtes un imbécile, monsieur ; vous sacrifiez votre vie ; pour quoi ? — pour une illusion. Aucun homme de votre position ne s'est jamais entendu confortablement avec une de ses filles, sans instruction, sans culture…

"Avez-vous presque fini?" » demanda Arthur, blanc de rage et à peine capable de se retenir.

"J'ai tout fait", a déclaré M. Eagles. « Vous avez mon opinion, et c'est tout ce qu'il faut. La maison est fermée pour la nuit. Ne vous montrez pas deux fois idiot en vous précipitant à cette heure-là. Couchez-vous, calmez votre cerveau échauffé, et partez demain. Vous êtes un imbécile, comme je le dis, mais vous n'êtes pas déshonorant, et j'espère que votre idiotie se révélera meilleure qu'elle ne le mérite. Bonne nuit."

CHAPITRE IX.

Le soir du même jour, Durant raconta son histoire à Lady Curtis . Elle et sa fille étaient venues à Londres après avoir appris la nouvelle de « l'enchevêtrement » d'Arthur, comme l'ont fait avant elles de nombreuses mères et sœurs alarmées. Sir John ne pouvait pas ou ne voulait pas se joindre à eux. Il avait moins confiance que les femmes dans l'efficacité des remontrances personnelles, et en fait il n'avait pas une grande confiance dans la délinquance au départ, et il attribuait à son fils « plus de sens », quoique moins de vertu, qu'ils ne le croyaient capable de faire. Apprendre qu'Arthur était à la veille du mariage avait stupéfié Sir John. Il avait écrit avec une véhémence indignée, et il avait chargé son « homme d'affaires » d'aller voir le « jeune fou » ; et il avait interdit à sa femme d'aller chez son fils comme elle le désirait. « Faites-le venir vers vous si vous le pouvez », avait-il dit ; mais il craignait pour les résultats d'une visite de sa femme avec la possibilité d'une présentation de la jeune fille et d'une fonte du cœur de ma dame à cause de l'amour de son fils. Sir John attribuait à sa femme beaucoup plus de sentiments qu'elle n'en possédait ; et quant à Lucy, elle était bien sûr assez sentimentale pour sympathiser immédiatement sans aucun préliminaire. « Vous feriez mieux de le laisser aux avocats », dit Sir John, ayant une grande confiance dans les gens qui pouvaient se rendre désagréables ; mais il consentait à ce que les dames se rendent en ville pour se rapprocher des lieux, si les autres fonctionnaires parvenaient à « déterrer » le coupable. Une fois éloigné de cette tentation, une fois délivré de la sirène qui l'avait « empêtré », nul doute qu'Arthur serait plus en sécurité avec sa mère et sa sœur que partout ailleurs. Et Lady Curtis avait acquiescé, quoique à contrecœur, à cette interdiction. Elle avait pensé qu'aller le voir risquait de l'entraîner dans une collision douloureuse avec les autres personnes qui l'entouraient et, dans le meilleur des cas, exposerait Arthur à ce qu'un jeune homme aime le moins, à la honte d'être gêné et inquiété par sa famille. pleine vue du monde. Sir John, cependant, n'avait rien à voir avec la mission de Durant ; *il* était l'émissaire des dames appelées par eux à leur secours en cas de besoin. Aucun autre messager ne leur avait semblé aussi approprié. Son ami le plus cher, son *ami de l'enfance* , quoi de plus naturel que de recourir à son aide ? Et dans ces circonstances, on peut imaginer combien il était difficile pour Durant de raconter l'histoire de sa propre défaite. Il l'a fait dans la bibliothèque de Berkeley Square en fin d'après-midi, juste avant la tombée de la nuit. La pièce elle-même, qui lui paraissait à moitié aussi grande que la ville entière d'Underhayes, était pleine de livres fantomatiques, apparaissant çà et là dans une traînée de dorure, dans un morceau de vélin blanc, qui reflétait les restes du soleil rouge d'octobre. Les arbres éclaircis s'agitaient lentement devant les fenêtres, et lorsqu'un coup de vent arrivait, une pluie de feuilles tombantes balayait le firmament à l'extérieur. Lady Curtis était assise entre le feu et la fenêtre la plus proche, écoutant attentivement, les yeux fixés sur son visage. Lucy était assise sur l'un des sièges près de la fenêtre, presque derrière leur visiteur. Elle ne pouvait pas regarder son visage ouvertement comme le faisait sa mère ; mais elle n'était pas moins inquiète que sa mère. Lorsqu'il se retournait vers elle, comme il le faisait souvent, elle se reculait un peu, préférant le regarder sans être remarquée ; car pour Lucy, comme pour beaucoup d'autres femmes, il semblait que la moitié de l'histoire était racontée par le visage du conteur. Lady Curtis avait été une belle femme à son époque, et avait maintenant la beauté de son âge, un exemple aussi parfait de quarante-cinq ans qu'on pouvait désirer. Elle était ample de forme, mais sa tête et son visage avaient conservé toute leur délicatesse et leur raffinement ; et s'il y avait un léger creux dans la joue et un léger gonflement autour de la gorge, ni l'un ni l'autre n'étaient suffisants pour la critiquer ; et modifié par la jeunesse et par une disposition un peu plus douce, le visage de Lucy était comme celui de sa mère. Ni l'un ni l'autre n'étaient de couleur brillante. Lady Curtis avait acquis quelque chose de cette manière avec l'augmentation matronne de sa silhouette ; mais Lucy n'avait rien de plus que la teinte rose que donne la santé, et ses cheveux étaient d'un châtain clair et doux, une nuance ou deux plus claires que ses yeux, cheveux qui, dans le cas de sa mère, étaient si délicatement parsemés de gris qu'ils paraissaient seulement d'une teinte plus claire que celle de ses yeux. ça l'avait été autrefois. Quiconque désirait voir Lady Curtis telle qu'elle était à vingt ans n'avait qu'à regarder sa fille, et quiconque voulait être sûr de ce à quoi ressemblerait Lucy dans un quart de siècle pouvait le voir sur le visage de Lady Curtis. Cela donne un charme supplémentaire aux deux lorsque cette ressemblance se réalise comme elle l'était chez ces deux-là. Il rend plus justes la jeunesse et la vieillesse, les réunissant dans une tendre brume d'illusion, un visage dans deux représentations ; la mère et l'enfant en profitèrent tous deux ; Lady Curtis se montre sous son meilleur jour dans les yeux bruns de sa chérie et révèle dans les siens à quel point il y a peu de choses qui pourraient alarmer l'admirateur le plus chaleureux dans l'avenir de cette chérie. Et ils étaient fiers de leur ressemblance, un peu pour la beauté peut-être, mais beaucoup plus pour l'amour. Durant sentait autour de lui un subtil air de sorcellerie entre la mère et la fille. L'atmosphère même était celle de Lucy, douce, douce et pourtant pénétrante. Et les deux dames semblaient se regarder à travers lui comme s'il eût été de verre, et connaître son intérieur.

À présent, ils étaient très abattus par ce qu'il disait. Il leur avait décrit la maison Bates, le petit salon étouffant, le rhum et l'eau, et Sarah Jane ; et le pire de tout, l'adhésion déterminée d'Arthur à son amour et à sa promesse. Il leur semblait incroyable que leur fils et leur frère puissent être satisfaits dans un tel endroit. Une certaine influence occulte, quelque chose d'étrange, semblait se trouver dans cet « engouement ». "Et, M. Durant, pensez-vous vraiment que rien, *rien ne* le fera abandonner ?"

"En effet, je le pense", a déclaré Durant, "je ne peux pas dire le contraire, et je suis sûr que vous ne souhaiteriez entendre rien de moins que la vérité. Il lui est très attaché.

« Et elle… est comme les autres, » dit faiblement Lady Curtis, « un peu mieux, avez-vous dit, pas si vulgaire ? Le ciel nous aide ! que je devrais parler ainsi de celle de mon fils... non, M. Durant, pas encore, je *ne peux pas* l'appeler l'épouse de mon fils. Quelque chose peut gêner, il faut penser à quelque chose… »

« Je ne pense pas que vous trouverez quoi que ce soit. J'ai utilisé tous les arguments ; et, à vrai dire, je ne sais pas si j'en suis tout à fait sûr, dans mon esprit… bien entendu, je ne l'ai pas dit à Arthur… je ne suis pas tout à fait convaincu dans mes propres pensées… »

« De quoi, M. Durant ? Lady Curtis dit cela anxieusement devant lui, et Lucy le respira à moitié dans sa barbe. Il regarda la mère, mais tourna un peu sa chaise pour se rapprocher de la fille, qui lui échappait, se glissant encore un peu plus en arrière.

«Eh bien, dit-il, vous n'êtes peut-être pas content, mais je dois parler selon ma conscience. Je donnerais un an de ma vie pour libérer Arthur, tu sais que… »

"Qu'est-ce que tu vas nous dire?" s'écria Lady Curtis en joignant ses mains blanches. Lucy ne dit rien, mais se pencha en avant, avec une telle intention que lorsqu'il se tourna de nouveau vers elle, elle ne se retira pas, comme d'habitude.

« C'est juste ça, » dit-il en baissant la voix ; et l'air du soir semblait s'abaisser visiblement vers l'obscurité pour augmenter l'effet alarmant : « que je n'ose sur mon honneur en dire davantage à Arthur à ce sujet. C'est un gentleman; Je ne puis même pas, pour le sauver de la misère, lui demander de rompre sa parole.

"Bon dieu!" s'écria Lady Curtis en se levant, et son excitation était si forte que l'exclamation pouvait lui être pardonnée. « Sa parole ! quand toute sa carrière et son bonheur sont en jeu… pour une créature comme celle-là !

«Je savais que c'était ce que tu allais dire», lui dit-il en soupirant depuis la faible lumière de la fenêtre contre laquelle se trouvait Lucy, elle-même une ombre. Et cela, même s'il n'y avait aucun mot d'encouragement, a donné de la force à Durant.

« Je comprends votre sentiment, dit-il en s'adressant à sa mère, j'ai pensé la même chose quand j'y suis allé ; mais lady Curtis…

"Ne me parle pas, ne me parle pas!" s'écria-t-elle, ils vous ont aussi pris au piège ; vous l'avez encouragé dans sa folie ; sa parole !

Elle arpentait la pièce dans un accès d'impatience, les mains jointes, et des gémissements inarticulés lui sortaient d'elle à l'improviste. La lumière du feu semblait devenir de plus en plus forte et plus chaude à mesure que la lumière du jour diminuait, et c'était contre cette lueur qu'ils voyaient sa silhouette dans son excitation. Ils... car Lucy restait immobile à la fenêtre, levant furtivement la main pour s'essuyer les yeux, sans se joindre à sa mère. Elle s'était mise silencieusement, il le sentait, à ses côtés. Une minute plus tard, Lady Curtis se rassit et se laissa tomber avec impatience sur sa chaise. "Bien!" dit-elle presque durement, "et sa parole ?"

"Ne soyez pas en colère contre moi", a déclaré Durant très humblement. Il pouvait se permettre d'être humble avec Lucy qui le soutenait. "Je ne lui ai pas trahi ce sentiment qui, s'il est fantastique, je n'y peux rien." Ici, Lucy fit un léger mouvement qui lui sembla impliquer un « non, non », « J'ai agi contre cela. Ce n'était pas dans mon esprit au début. Mais si vous considérez les circonstances... Il n'y a rien qui puisse être appelé piégeage. Rien n'a été fait pour le tromper, bien au contraire ; et il s'est engagé volontairement avec cette fille, lui a fait toutes sortes de promesses. Puis-je lui ordonner de se retirer maintenant, de se parjurer, de la tromper ?

« Eh bien ! mais !" dit Lady Curtis, ne vous trompez pas avec de grands mots ; toute cette solennité est inutile. Ils n'y sont pas habitués dans cette classe de la société ; un petit arrangement avec la famille, une offre de tant de choses... Pensez-vous vraiment qu'il en faudrait davantage ? M. Durant, vous êtes trop romantique. Comme j'aurais aimé y aller moi-même ! »

« Vous n'auriez rien fait de bien si vous étiez parti vous-même. Même si vous aviez pu persuader la famille, il y a Arthur à qui s'occuper… et elle… Il l'aime, Lady Curtis, il n'y a aucune imposture de la part d'Arthur.

« Fiddlesticks ! » s'écria-t-elle en se relevant de nouveau avec une excitation agitée. « Arthur, un garçon, une créature légère qui guérirait n'importe quel chagrin en une semaine ; et elle – bien sûr, je ne la connais pas – mais il n'y a rien de plus bon pour les sentiments blessés, ni de plus apaisant, que les billets de banque.

"Maman!" dit Lucy en tendant les mains avec une supplication muette ; puis elle ajouta : « Si vous leur offriez de l'argent, que dirait Arthur ?

« Oh, que dirait Arthur ? et que ferait Arthur ? et n'est-il pas tenu de tenir parole ? s'écria Lady Curtis. « Comme vous m'inquiètez avec votre sentimentalisation ! Ce qu'il aurait fallu faire, c'était l'emmener, le faire taire. Et cela aurait pu être fait ; mais M. Durant a tout gâché ; il aurait pu le faire.

Personne n'a autant de pouvoir avec Arthur. S'il ne l'avait emmené qu'un seul jour, tout aurait pu aller bien.

« Il ne serait pas venu », dit Durant, plus pour lui-même que pour elle, car il était vexé et en colère, même s'il tenait surtout à ne pas le montrer. « Je... le pouvoir avec lui ! Il s'est carrément disputé avec moi, il n'a pas voulu me parler. J'ai essayé ce que j'ai pu. La famille aurait pu céder, mais elle ne céderait pas – pas d'un pouce. Elle m'a dit – lorsque j'ai menacé que Sir John et vous retireriez ou diminueriez son allocation, et qu'il pourrait devenir pauvre – qu'il y avait une raison de plus pour qu'elle le soutienne – cela prouverait sa sincérité.

"J'aurais dû dire la même chose", dit Lucy en retenant son souffle.

"Toi! vous avez été élevé très différemment. Alors, elle était désintéressée, n'est-ce pas ? Ah ! » dit Lady Curtis en se calmant un peu, c'est plus dangereux que je ne le pensais.

« Oui, » dit Durant, heureux d'avoir produit quelque effet et poussé au-delà des limites de la prudence, « c'est exactement ce qu'elle a dit. C'était sa seule chance de montrer que c'était à lui qu'elle pensait, et non à un désir d'être riche ou de devenir ma dame.

"Devenir ma dame!" Ma Dame chancela comme si un coup lui avait été porté. Oui, bien sûr, son fils serait à son tour Sir Arthur, et sa femme Lady Curtis, tout le monde le savait ; mais sentir que votre fin est anticipée et votre nom même approprié, cela donne même aux personnes âgées, et bien plus encore aux personnes d'âge moyen, un curieux frémissement de sensation. Ce fut un choc pour elle. Elle avait l'impression d'avoir été frappée ; puis elle se reprit et rit un petit rire, bref et dur. « Alors, » dit-elle en se frottant faiblement les mains, « elle attend ça avec impatience. Je n'avais pas pensé à cela."

Durant a vu son erreur, mais il n'a pas vu comment la réparer. Lucy, lui lançant dans l'obscurité ce qu'il sentit comme un regard de reproche, se précipita vers sa mère. Mais à ce moment-là, Lady Curtis s'était rétablie.

« Peu importe, dit-elle, tant pis, ma chère. C'était tout à fait naturel. Mais ce n'était pas Arthur. Non, nous le connaissons mieux que de le croire.

"Et elle ne vous connaît pas – elle ne savait pas ce qu'elle disait."

« Oh, quant à ça ! Sonne la cloche, Lucy. Ayons au moins la lampe, si nous ne pouvons avoir d'autre lumière sur le sujet. C'était bien sûr exactement ce à quoi penserait une jeune fille ignorante et sous-éduquée.

« Mais, maman ! Oui, c'était son ignorance ; et elle a dit... c'est ce que vous nous disiez, M. Durant ? qu'elle serait heureuse de penser qu'il n'y avait plus aucune chance que cela se produise maintenant ?

«Lucy», dit sa mère sans prêter attention à Durant, «la seule chose qui pourrait me contrarier le plus dans tout cela serait que, par générosité perverse et juvénile, vous preniez le rôle de champion auprès de cette fille. Oui, vous commencez, je l'ai remarqué. Mais je ne peux pas supporter ça, c'est la seule chose qui veut remplir ma tasse. »

« Je ne le ferai pas, maman chérie. Je ne ferai rien pour vous vexer. Vous n'aurez pas non plus à lutter avec moi. Y a-t-il déjà eu un moment où nous n'avons pas été en sympathie ? Mais nous devons quand même être justes, dit Lucy en entourant la taille de sa mère de ses bras. Elle prononça les derniers mots presque à voix basse. Ils restèrent collés l'un à l'autre, soulagés par la lumière chaude du feu. Tout le reste de la pièce était tombé dans l'obscurité, les fenêtres n'ayant que de nombreuses rayures d'une pâle lueur, aucune véritable lumière ne venant d'elles, tout était sombre, seulement cette lueur de chaleur montrant les deux qui tenaient ensemble. Durant n'avait rien à voir avec cette chaleur et cette union. Il était assis dans le noir, sans faire attention à lui. Et dans son cœur il y avait une certaine amertume. Il avait laissé ses propres préoccupations lors de leur appel. Il s'était donné beaucoup de peine, et c'était là toute sa reconnaissance. Il se sentait très endolori et blessé au cœur.

Puis des lumières furent apportées dans la pièce, des lampes qui formaient deux cercles partiels d'éclairage ; et la présence du domestique qui les apportait nécessitait quelques mots sur des sujets ordinaires. Lady Curtis reprit sa place avec cette hypocrisie anxieuse par laquelle nous montrons notre respect pour le monde curieux en bas des escaliers, et demanda à M. Durant s'il avait l'intention de rester en ville ou s'il retournait à la campagne. Et il lui dit, non sans le vouloir, qu'étant arrivé en ville, bien qu'un peu plus tôt que prévu, il comptait y rester. Il y eut une pause lorsqu'ils furent de nouveau seuls, puis Durant se leva pour s'en aller.

« Je crains de ne pas avoir réussi à faire ce que vous attendiez de moi », dit-il d'un ton un peu triste. « J'ai fait de mon mieux, et si vous voulez, j'y retournerai, même si je ne recevrai qu'un mauvais accueil. Je suis malheureux», ajouta-t-il avec un léger sourire qui avait aussi son sens.

« Maman, dit Lucy, tu ne vas pas laisser partir M. Durant, pensant que nous lui sommes ingrats ! Cela ne pourra jamais être le cas, quand il s'est donné tant de peine.

« Les ennuis quand on a échoué ne comptent pas beaucoup », dit-il en souriant. « Ce n'est pas gentil de me parler d'être reconnaissant ou ingrat ; ne suis-je pas autant, je veux dire presque autant, presque autant, intéressé par Arthur que vous ? comme s'il était mon frère », dit-il avec véhémence. « Il l'a été ; Je ne pourrai jamais penser à lui autrement, quoi qu'il arrive.

"Et quoi qu'il arrive, tu penseras toujours à lui ainsi ?" s'écria Lucy, oubliant pour le moment sa réserve. « Oh, promets-moi, M. Durant ! Même si cela fait une différence pour nous, cela n'en fera aucune pour vous ? S'il a tellement tort, s'il est si stupide que nous devons nous détourner de lui, vous ne le ferez pas ? Cela ne changera rien pour vous ?

"Aucun!" dit-il avec ferveur. "Aucun! Je serai à ses côtés quoi qu'il arrive. Vous pouvez me faire confiance, surtout maintenant.

Lucy savait ce qu'il voulait dire surtout depuis qu'elle le lui avait demandé, et elle eut soudain une douce infusion de couleur qui la teinta jusqu'à ses cheveux ; mais Lady Curtis pensait qu'il voulait dire cela, et avec quelle raison ! surtout maintenant où toutes les amitiés étaient nécessaires pour être aux côtés de son fils. Elle lui répondit avec une lutte entre la gratitude qu'elle devait éprouver et la déception et la détresse agacées qui remplissaient son cœur.

« Nous n'avons pas le droit de vous demander un tel engagement, M. Durant. Oui, tu as toujours été très gentil, très gentil. Pardonnez-moi, dit-elle en s'adoucissant, si je suis trop malheureuse pour dire ce que je devrais. Je pensais que quelque chose aurait pu être fait. Mais dire que nous devons rester calmement et le voir accomplir sa propre destruction ! Oh, détrompez-vous ! s'écria-t-elle avec des larmes soudaines, ne pouvons-nous rien faire, rien de plus, pour sauver mon garçon de ce misérable sort ?

Durant a posé son chapeau. Il n'est parti que tard, vers minuit. Ils restèrent assis et parlèrent d'Arthur, rien que d'Arthur, toute la soirée.

CHAPITRE X.

Ce que Lady Curtis avait reproché à Durant de ne pas avoir fait, les avocats l'ont fait avec un tel succès qu'Arthur Curtis en fut rendu presque frénétique et jura de se venger sauvagement sur sa famille. L'ambassadeur de Sir John n'était retenu par aucune délicatesse. Il offrit une somme qui fit trembler Mme Bates et poussa son mari à déclarer avec emphase qu'ils n'avaient jamais pensé à s'opposer à Sir John et que, bien sûr, ils n'iraient pas contre Sir John. M. Bates avait pour les classes supérieures un respect presque sublime. Il n'exigeait pas d'eux une excellence révolutionnaire radicale – il n'exigeait même pas qu'ils en profitent ou qu'ils soient particulièrement courtois envers lui-même. Quoi qu'il en soit, et quelles que soient les circonstances, il était prêt à se livrer aux pieds de n'importe quel Sir John, si besoin était ; et qu'il s'y opposât, une fois que sa volonté aurait été pleinement connue, cela semblait impossible. Surtout un Sir John avec un sac d'argent à la main.

« Qu'il épouse notre Nancy après que Sir John Curtis, son excellent père, s'y soit opposé ! Tu ne pourrais pas faire une chose pareille, Sarah, dit-il, et quand il y a une belle somme d'argent qui rentre pour faire ce qui n'est que notre doot… »

« Notre devoir est d'abord envers Nancy », dit Mme Bates d'un air dubitatif, « et si nous devions dire que cela ne devrait pas être le cas, qui peut dire si elle nous obéirait ? Nancy a son propre esprit.

Que cela était vrai, ils eurent tous deux de bonnes occasions de le savoir. Mais c'était une grande tentation. L'avocat leur fit comprendre que si Nancy pouvait être retirée du terrain et qu'Arthur pouvait être libéré... (c'est ainsi qu'ils disaient tous, faisant croire qu'Arthur était une sorte d'oiseau en cage, qu'on lâchait ou qu'on gardait). dans une cage à volonté) – mille livres pourraient être disponibles. Mille livres ! jamais de leur vie une telle somme n'avait été brandie devant les yeux de ce couple. Il semblait y avoir tellement de choses qu'ils pouvaient faire avec. Cela diviserait, pensaient-ils, tous les enfants. Avec deux cents pièce, Matilda et Sarah Jane seraient héritières, et Charley pourrait avoir un peu plus pour se lancer en affaires ; et une somme laissée à la banque pour un jour de pluie. Quelle perspective paradisiaque ! « Y avait-il une chérie au monde, demanda le percepteur, qui en valait la peine ? et Mme Bates secoua la tête avec insistance et dit : « Non, certainement pas ! Mais alors Nancy verrait-elle cela ? Les filles avaient leur propre façon de penser ; et de l'autre côté se trouvait son amoureux, et le mariage tout réglé, que tout le monde connaissait : Mme. Bates sentait que même pour elle-même, ce serait une pilule amère : annuler tous les préparatifs du mariage et donner à tous les voisins le droit de dire que les Bates avaient dépassé leurs limites et que leur fierté était en baisse. Ce serait sans aucun doute un prix énorme à payer ; mais mille livres ! Ils en parlèrent jusqu'à ce qu'il leur sembla à tous deux que ne pas avoir ces mille livres serait à la fois une tromperie et un tort. Le Seigneur savait que ce n'était pas pour eux-mêmes qu'ils le voulaient. Mais M. Bates était de plus en plus convaincu que préférer une amante à cette somme d'argent, qui serait la fondation de la famille, était quelque chose qui dépassait la perversité mortelle. Il était favorable à son renvoi immédiat chez un de ses frères qui habitait Wapping, sans lui laisser le temps de communiquer avec Arthur.

« Mais vous devrez l'enfermer lorsqu'elle arrivera à Wapping », dit Mme Bates avec regret, « sinon elle lui écrirait immédiatement pour lui faire savoir où elle se trouve et où serait le gain ? »

"Eh bien, Sally, nous n'aurions rien à voir avec cela, vous savez", a déclaré M. Bates, n'aimant pas exprimer cette suggestion par des mots, mais estimant néanmoins que si les mille livres étaient payées et que les circonstances se produisaient par la suite, sur lesquels ils n'avaient aucun contrôle − eh bien, ils ne pouvaient avoir aucun contrôle sur les circonstances − et personne ne leur demanderait de rendre l'argent. L'esprit de M. Bates avait été aiguisé par sa collecte d'impôts, mais sa femme n'était pas aussi intelligente.

« Si nous prenons l'argent, nous devrons faire le travail », dit-elle, « et c'est très bien de parler, mais qui dirigera Nancy ? Cette fille me fait peur.

"Truquer! vous pouvez la gérer si vous le souhaitez. Quelle fille peut encore se démarquer de sa mère ? » dit Bates.

« C'est un marché, vous le savez, » dit sa femme avec un mélange de grandeur et de mépris ; « mais je vais sonder Nancy. Je pense parfois qu'elle en a un peu marre de lui. C'est un gentleman et il a de belles manières ; mais il n'est pas aussi désespéré que John Raisins après Sarah Jane.

« Ah ! c'est le genre de mari à trouver pour vos filles. Un jeune homme stable qui fait de bonnes affaires, avec un joli magasin et une belle maison. C'est l'homme qui en a pour mon argent », a déclaré M. Bates.

«Cela montre encore une fois quel marché vous connaissez», dit-elle, «Sarah Jane aurait préféré avoir M. Durant, cet avocat, s'il l'avait proposé, plutôt qu'une demi-douzaine de Johnny Raisins. C'est comme ça avec les filles. Un gentleman! c'est tout leur cri. Et je ne le dirai pas, mais je les préfère moi-même », a déclaré Mme Bates après une pause. « Ils ont une manière différente avec eux ; mais ce sont des choses auxquelles les femmes prêtent davantage attention que les hommes.

« Des trucs et des bêtises ! » » dit le percepteur, piqué par cette suggestion.

« Vous savez, William, » dit solennellement Mme Bates, « que sans vos manières distinguées et ce que vous pouvez appeler une entreprise distinguée, pas comme un magasin, ou ce genre de chose, je serais je ne t'ai jamais épousé.

"Oh, j'aime ça!" il a dit. Mais il était dans l'ensemble heureux de penser que son métier paraissait toujours à sa femme comme une entreprise distinguée. « Je dois donner une réponse à ce monsieur demain, Sally. Il n'y a pas beaucoup de temps à perdre.

«Je vais sonder Nancy», dit Mme Bates, mais elle secoua la tête.

« Sonnez-la ! Je l'emmènerais chez Sam, dit le père ; mais cela montrait seulement à quel point il en savait peu.

Et Nancy, comme Mme Bates l'avait deviné, après avoir été sondée, était furieuse. Elle n'avait pas de mots pour exprimer son indignation. Elle se précipita dehors en toute hâte pour retrouver Arthur et lui dénoncer sa famille. Il avait quitté M. Eagles et vivait dans un logement sur le Green, et là Nancy s'est envolée en toute hâte, frappant à sa fenêtre, qui était au rez-de-chaussée, et l'appelant. Elle serait entrée, mais il était évident pour elle que ce n'était pas le genre de chose qui plaisait à Arthur. Elle s'est lancée dans un assaut furieux contre sa famille au moment où il l'a rejoint.

"Si ce n'était pas simplement céder à eux, je ne vous reverrais plus jamais", dit-elle, "c'est ce que vous appelez des gentilshommes : venir saper, offrir de l'argent, insulter des gens qui valent bien mieux qu'eux-mêmes !"

« J'essaie de gâcher mon bonheur », dit Arthur avec des yeux brillants ; "Ce n'est pas la chose à laquelle vous semblez penser."

"Comment le pourrais-je, quand c'est moi qui suis insulté ?" s'écria la jeune fille. "Oh! J'aimerais leur donner un peu de mon avis. Je voudrais juste dire à ma dame ce qu'une fille comme moi pense d'elle. J'aimerais lui dire ça, juste pour la contrarier. Juste pour montrer à quel point je la méprise, je t'épouserais si tu n'avais pas un sou.

"Nancy, ma mère n'a rien à voir avec ça", dit Arthur, pour qui, comme c'était tout naturel, cette forme d'obligation morale n'était pas des plus agréables. « Je ne veux pas dire que vous n'ayez pas parfaitement le droit de vous indigner. Mais ce n'est pas ma mère qui est à blâmer.

« Oh oui, c'est ce que vous pensez », s'écria la jeune fille ; « Mais ce sont toujours les femmes qui font les pires choses. Je n'ai pas peur des hommes. Ils peuvent vous poignarder au visage, mais ils ne font pas ce genre de chose sournoise et cruelle. Je donnerais tout ce que j'ai au monde juste pour une demi-heure avec ma dame, elle et moi.

« Ma mère n'y est pour rien, répéta Arthur ; mais bien qu'il fût convaincu sur ce point, sa mère, qui n'y était pour rien, lui apparut tout à coup comme une ennemie ; et lui aussi éprouvait dans son cœur un vif ressentiment contre elle. Et quand il eut ramené Nancy chez elle, ce qu'il fit un peu contre sa volonté, car elle ne jugeait pas du tout son escorte nécessaire ; il se précipita vers M. Rolt, l'avocat, et déversa sur lui de tels flots de colère que le vétéran faillit trembler. Il écrivit ce soir-là à Sir John qu'Arthur était tout à fait impraticable et que « les affaires devaient suivre leur cours ». « Si j'avais su plus tôt, quelque chose aurait pu être fait, car les parents ne semblaient pas réticents à faire des compromis », écrit-il, ce qui fit maudire à son tour Sir John le vieux formaliste.

"Si seulement j'étais parti moi-même!" il a dit.

Lady Curtis était complètement innocente de cette mission ; peut-être qu'elle ne l'aurait pas désapprouvé, mais certainement elle-même se serait mise au travail avec plus de délicatesse. Elle en fut informée par une lettre furieuse d'Arthur, qui lui coûta bien des larmes.

« Si c'est votre faute, mère, si vous avez ainsi insulté la fille qui devrait être comme votre propre fille, alors je peux seulement dire que vous avez perdu votre fils », écrit-il ; et les deux dames de Berkeley Square versèrent des larmes d'angoisse et d'indignation sur cette lettre cruelle.

« Cela risque de me faire aimer cette fille, n'est-ce pas ? » » dit Lady Curtis, quand elle put parler.

"Oh, il ne le pense pas, il ne peut pas le penser!" s'écria Lucy avec des sanglots dans la voix.

« Non », dit la mère, reprenant inconsciemment l'argumentation de Nancy, avec ce curieux mépris pour les hommes impliqués dans une telle querelle, qui est si étrangement caractéristique des femmes ; « non, ce n'est pas lui, c'est elle ; et c'est sous cette influence que mon garçon, mon unique garçon, doit être soumis toute sa vie !

Que pouvait dire Lucy ? Il n'y avait plus rien à dire ni à faire.

Et on peut supposer qu'à mesure que le jour approchait, et qu'ils savaient que celui qui avait été l'objet de la plus profonde préoccupation et de l'affection de tous deux, le fils qui avait été le favori de sa mère, le frère que sa sœur avait admiré et considéré avec un semi-adoration aussi longtemps qu'il le lui permettait, était sur le point de vivre l'acte le plus important de sa vie sans leur présence ni leur sympathie - l'excitation était très vive dans les veines des deux dames. Sir John les rappelait à chaque poste, ayant dans l'esprit la crainte secrète qu'ils puissent faire quelque chose ou dire quelque chose qui pourrait le compromettre, ou du moins eux-mêmes, à l'égard d'Arthur ; et Lady Curtis, sans jamais dire pourquoi, trouvait des excuses pour rester, tantôt une semaine, tantôt un jour de plus. Elle ne se disait même pas pourquoi ; elle ne laissait pas se former l'idée que, peut-être, même au dernier moment, Arthur pourrait apparaître, au moins pour lui demander pardon et sa bénédiction, sinon pour lui dire qu'il s'était repenti et avait abandonné cette mauvaise voie. Elle restait à Berkeley Square, tremblante chaque fois qu'on frappait à la porte, regardant avec nostalgie par la fenêtre les taxis et les voitures qui passaient. Lorsque Durant arriva dans un Hansom, un soir d'hiver, il fut reçu à la porte à bras ouverts ; et la déception et l'impatience sur le visage de lady Curtis à sa vue étaient très loin d'être flatteuses.

"Oh!" elle a pleuré : « Je pensais que c'était... » et elle a fondu en larmes.

Quand Lucy essaya de lui dire qu'il ne pouvait pas venir maintenant, que quitter son épouse maintenant serait peu viril et traître, sa mère se tourna vers elle avec une rage muette qui était terrible à voir. Elle espérait jusqu'à la veille même du mariage, heure fixée pour laquelle Durant les avait informés. Et ce soir-là, Lucy a fait une prière qui a d'abord profondément irrité sa mère, mais à laquelle elle a finalement cédé. Lucy supplia, en larmes, de pouvoir aller assister au mariage de son frère, au moins à distance. Elle promit de ne rien faire et de ne rien dire qui la trahirait ; de garder son voile baissé, de ne pas lui parler, de ne lui donner aucun signe de sa présence. Tout cela, Lucy l'a promis, et elle a finalement tenu parole. Ils passèrent une soirée misérable ensemble, Durant arrivant tard pour leur apporter les dernières nouvelles. Il avait découvert l'heure et tout ce qui concernait les préparatifs du mariage, et il était trop heureux de se mettre au service de Lucy pour l'escorter jusqu'à Underhayes. La vieille fille de Lady Curtis, qui avait connu Arthur toute sa vie et à qui on ne pouvait s'empêcher de connaître toutes les affaires de la famille, devait les accompagner ; et Durant s'engagea à les rencontrer au chemin de fer, à prendre soin d'eux et à veiller à ce qu'ils soient protégés de tout contact avec la famille de l'épouse d'Arthur. Dans la perspective de cela, Durant n'était peut-être pas aussi abattu par le mariage malheureux d'Arthur qu'il aurait dû l'être, et Lady Curtis surprit chez lui divers signes de satisfaction inconvenante.

«Je ne pense pas que M. Durant soit un ami aussi fidèle à mon pauvre garçon que j'aurais dû m'y attendre», dit-elle avec un nuage suspect sur le visage, quand il s'éloigna.

"Oh, maman, je suis sûre qu'il aime beaucoup Arthur", dit Lucy. Elle aussi avait vu, peut-être, les éclairs de satisfaction qui jaillissaient de sa gravité ; mais alors Lucy, mieux informée que sa mère, les mit à la bonne cause.

« Il aime peut-être Arthur, mais il ne voit pas comme nous que cela est une destruction pour lui », dit Lady Curtis en mettant son mouchoir devant ses yeux mouillés.

"Je suis sûr qu'il sera son ami chaleureux en cas de problème."

« Eh bien, ma chère, espérons-le ; car il voudra tous ses amis. Je le pense moi-même », a déclaré Lady Curtis. « En cas de problème ! Comment appelles-tu ça sinon des ennuis ? S'il avait perdu tout ce qu'il avait au monde, ce ne serait pas si grave ; mais les hommes ont des façons si étranges de voir les choses. S'il devait se casser la jambe ou contracter une grave maladie, ce qui ne serait pas si grave… »

"Oh, maman!" s'écria Lucy en tendant deux doigts de sa jolie main pour conjurer le mauvais présage.

"Eh bien, tu sais, ce n'est pas ce que je veux dire. À Dieu ne plaise que mon garçon soit malade, loin de chez lui, parmi des étrangers !» s'écria Lady Curtis. « Ce serait étrange si vous deviez *faire les cornes* pour tout ce que disait sa mère ; mais que serait la maladie en comparaison de cela ? Dans ce cas, M. Durant serait parfait, j'en suis sûr ; mais maintenant--"

"Je pense qu'il était heureux de voir à quel point votre cœur a fondu pour le pauvre Arthur, et de savoir cela", dit Lucy en désignant une lettre posée sur la table. Était-ce à elle de dire qu'il y avait encore autre chose qui rendait Durant encore plus heureux ?

« Ah, Lucie ! comme si mon cœur avait besoin d'être fondu envers mon fils, mon unique garçon !

Et puis vous pouvez être sûr que Lucy a pleuré ; que pourrait faire une fille ?

On peut difficilement dire que ces journées préparatoires furent beaucoup plus gaies pour Arthur. Tout le monde s'était éloigné de lui. Il eut la perspective en quelques jours de ce qu'on se plaît à appeler le bonheur. Il devait épouser la fiancée de son choix et l'emmener avec lui, tous deux à part, l'Elysée de l'imagination primitive ; et Arthur était très amoureux. Il croyait que dès qu'ils seraient partis, lorsqu'il aurait séparé sa rose de toutes les épines domestiques qui l'entouraient, il serait parfaitement heureux. C'était le seul point rédempteur dans les difficultés du moment qu'il y croyait entièrement. Alors, au moins, il se croyait sûr du bonheur ; et cette perspective a rendu possible beaucoup de choses qui n'auraient pas été possibles autrement. Mais être coupé de toute compagnie de sa propre classe, même de M. Eagles, et des « hommes » qui fréquentaient les ateliers intellectuels de M. Eagles ; être séparé de sa famille qu'il aimait, bien qu'il soit en colère contre eux, ne rien avoir à faire, bien que dans les occasions ordinaires il ne soit pas disposé à faire grand-chose, cet isolement était très dur pour Arthur. Il n'avait d'autre société que celle de la maison des Bates, et il devait souvent s'amuser comme il pouvait dans le salon étouffant, sans même Nancy, qui avait naturellement beaucoup de choses à faire la veille de son mariage, qui se marie en les ménages riches ne sont pas appelés à y penser. Arthur grimaça lorsqu'il dut supporter la compagnie du percepteur ou de son fils Charley, non adouci par la présence de Nancy ; et il faut admettre qu'à mesure qu'approchait le moment qui devait le lier pour toujours à la famille, sa tolérance à leur égard, qui pendant ses fréquentations avait été illimitée, commença à céder. Il commença à être très difficile de supporter le rhum et l'eau de M. Bates et les railleries de Sarah Jane ; et Matilda et Mme Bates, qui étaient toutes deux « raisonnables », commencèrent à s'en apercevoir : la mère avec du ressentiment, la fille avec une certaine sympathie. Matilda a laissé entendre à sa mère que « c'était du toucher et partir avec Arthur » et qu'elle « n'était pas surprise » ; mais le père, le fils et Sarah Jane ignoraient heureusement qu'ils n'étaient pas la meilleure compagnie pour le futur mari de Nancy, qu'ils appelaient librement par son prénom, le faisant « tout à fait à l'aise ». Cela lui donna envie de pousser le mariage, ce qui était tout à fait approprié dans les circonstances. Il l'aurait eu une semaine plus tôt s'il avait pu les persuader de renoncer à la grandeur qu'ils souhaitaient, et en l'occurrence, il s'irrita et se plaignit du retard d'une manière qui, comme le remarquait Mme Bates, était « la plus flatteur »pour tous. Mais le pauvre Arthur n'avait aucune intention de flatter. Il ne pouvait rien faire d'autre que de s'asseoir dans son logement ou dans le salon des Bates et d'observer le déroulement des heures. Après le mariage, il s'est juré de changer tout cela ; il y aurait une révolution entière dans sa vie ; il s'enfuyait avec sa Nancy dans un air meilleur et plus frais, et lorsqu'on lui posait des questions sur le retour du couple, il faisait de son mieux pour éluder la question.

« Je ne pense pas que nous devions nous lier à quoi que ce soit, Mme Bates. Si Nancy aime Paris, nous pouvons y rester… ou si nous pouvons aller jusqu'en Italie…

"Oh, je ne resterai pas très longtemps, maman," dit Nancy, "j'ose dire que je vais bientôt me fatiguer parmi les étrangers."

« Ne devrais-je pas aimer vous voir, s'écria Mme Bates, vous qui connaissez la langue ! Quelle bonne chose que ce soit toi qui partes, et non Matilda ou Sarah Jane.

"Oh, j'aurais vite dû y aller", dit ce dernier personnage. « J'aurais vite dû le récupérer, *commeng vous portez vous* ; Je sais déjà un peu.

« Mais pas comme Nancy, qui parlait français pendant cinq quarts chez Miss Woodroof, du temps où votre pauvre chère tante était en vie. Ma sœur était de celles qui accordaient beaucoup d'importance à l'éducation… »

« J'aimerais que vous ne parliez pas tous ensemble », dit Nancy, dont l'humeur n'était pas améliorée par sa position importante. "J'ai détesté. Je n'ai jamais appris un mot que je pourrais aider. Je vais laisser Arthur parler ; et dès que nous le pourrons, vous nous raccompagnerez à la maison.

« Au contraire, dit Arthur avec une secrète inquiétude, vous aimerez tellement Paris que vous ne voudrez plus jamais le quitter. C'est si gai et si brillant ; et si nous pouvions aller jusqu'en Italie, c'est ce qui me plairait le plus.

« De toute façon, tu seras de retour avant Noël ?

« Ah Noël ! bien avant ça ! dit Nancy.

Arthur ne dit rien ; mais il a enregistré un vœu au plus profond de son cœur.

CHAPITRE XI.

D URANT rencontra Lucy à la gare le matin du mariage d'Arthur. Elle était sous la garde de la vieille Mme Davies, la femme de confiance qui avait soigné les enfants de Lady Curtis pendant leurs maladies et les avait caressés à tout moment et à toute saison depuis leur naissance. Lucy était très pâle, mais sa détresse n'était rien à côté de celle du vieux Davies, qui semblait croire que son devoir de pleurer tout le long du chemin, et poussait de temps en temps les soupirs les plus amers. « Oh, mon cher jeune gentleman, » dit-elle par intervalles, « Oh, maître Arthur ! penser comme j'aurais dû vivre pour voir un tel jour ! Cela n'améliorait pas le moral de Lucy, qui était assise très pâle dans un coin, levant parfois pitoyablement les yeux vers Durant en signe de sympathie. Le jour choisi pour le mariage d'Arthur était le 1er novembre, un moment aussi inapproprié qu'on puisse l'imaginer pour un mariage, la Toussaint, l'anniversaire de la mort et non de la noce, et une matinée sombre, avec une douce bruine persistante de de la pluie et un ciel qui ressemblait à du plomb. "J'espère que le soleil brillera un peu", a déclaré Lucy.

« Oh, Miss Lucy, dit le vieux Davies, pourquoi le soleil devrait-il briller ? Ils ne peuvent espérer aucun bonheur en affrontant ainsi leurs parents.

Durant, qui n'était pas de loin aussi mélancolique qu'il aurait dû l'être, fit ce qu'il put pour rendre la fête plus gaie. Comment pourrait-il être autrement qu'heureux avec Lucy assise en face de lui, voyageant avec lui, avec un air d'appartenance qui remplissait les veines du jeune homme comme du vin ? Parfois, il aurait presque pu croire que c'était son propre jour de mariage, pas celui d'Arthur, et que quelque chose de plus que ses espoirs les plus insensés s'était réalisé. Hélas, au contraire, le mariage d'Arthur n'a-t-il pas rendu le sien plus désespéré que jamais ? Les parents consentiraient-ils un jour à une seconde alliance insatisfaisante ? et qu'est-ce qu'un jeune et pauvre avocat, petit-fils d'un sellier fortuné, avec le sang du sellier dans les veines mais pas d'argent dans ses poches, pourrait être un parti très insatisfaisant pour la fille de sir John Curtis ? Cette pensée fit plus que l'amitié pour le remettre dans l'état d'esprit qui convenait à l'occasion et en harmonie avec l'humeur de ses compagnons ; mais pourtant, par instants, il l'oublia, et crut à moitié qu'il emmenait Lucy en Italie, comme Arthur était sur le point d'emmener sa femme loin de ces cieux mornes. Combien il aurait été plus heureux qu'Arthur ! d'autant plus heureuse que Lucy Curtis était plus charmante, plus belle, plus désirable que la jeune virago Nancy Bates. Si seulement Lucie était née plus humblement, moins bien dotée ! comment pouvait-il lui souhaiter moins de beauté et de douceur ?

Il devait la couvrir d'un parapluie lorsqu'il l'emmenait à l'église où devait avoir lieu la cérémonie, et il aimait la pluie. Le vieux Davies, qui arrivait en pleurant après eux dans un imperméable, pensait que c'était le jour le plus misérable qu'elle ait jamais vu ; mais les jeunes couples sous le parapluie, bien qu'ils fussent très tristes (ou pensaient l'être), ne détestèrent pas tellement cette journée. Lucy avait très peur de rencontrer le groupe, et pourtant elle avait envie d'être reconnue par accident par son frère et en avait aussi la terreur. Elle en parla à Durant tout le long du chemin, levant son visage pâle et ses yeux qui avaient la clarté du ciel après la pluie, et lui confiant tous ses sentiments.

« Si c'était par accident, il n'y aurait aucun mal ; pourrait-il y avoir un mal ? Je ne me mettrais pas en travers du chemin ; mais si cela arrivait… »

« Vous ne pourriez pas le voir aujourd'hui, n'est-ce pas, sans *la voir aussi* ?

Une larme tomba précipitamment sur son bras, et Lucy détourna un peu la tête pour cacher que ses yeux étaient de nouveau pleins. « C'est le pire de tout, dit-elle, mon seul frère ! et je ne pourrai plus le revoir sans *elle* , c'est le pire de tout. Oh, M. Durant, je ne veux rien dire contre le mariage, car je suppose que les gens sont souvent heureux ; mais ce n'est pas heureux pour les autres, n'est-ce pas ? Cela nous arrache à tout ce qui nous appartient…

Comme c'était dur pour lui de lui répondre ! "C'est un cas exceptionnel", dit-il, la voix un peu tremblante, "mais nous ne devons pas être infidèles au plus grand bonheur et à l'amour."

"Oh chéri!" s'écria Lucy, qui pensait à son frère de toutes les facultés de son être, bien que son cœur fût vaguement réchauffé et apaisé sans s'en apercevoir par le voisinage rapproché de cet autre qui n'était pas son frère. "Amour! comme s'il n'y en avait qu'une seule. Je ne pensais pas que *vous* auriez parlé ainsi. Ne l'aimons-nous pas, M. Durant ? et pourtant il nous rejette pour quelqu'un qu'il connaît à peine.

« Il reviendra vers vous ; il ne se peut pas que la séparation soit longue. Arthur n'est pas l'homme… »

« Oh, M. Durant, vous voulez dire qu'il ne sera pas content ? Je ne veux pas qu'il soit malheureux. Oh, Dieu nous en préserve ! et pourquoi ne serait-il pas heureux, dit Lucy avec des larmes incohérentes, s'il l'aime ? Que pouvait dire Durant ? Il ne pouvait penser qu'aux choses les plus stupides, les plus traîtres, les plus déshonorantes, déshonorantes pour la confiance qu'on lui accordait, traîtres pour la confiance avec laquelle elle lui tenait le bras. Le resserrement même de son étreinte, lorsqu'ils rencontraient d'autres passants sur le trottoir étroit, lui faisait sentir qu'il était le plus bas des hommes, lorsqu'il sentait ces mots indicibles flotter sur ses lèvres, mais les faisait encore flotter davantage. Il était heureux de pouvoir installer sa compagne sur un banc profond dans l'église à l'ancienne, sous la galerie, où il serait doublement impossible à quiconque de la voir. Lucy resserra son manteau autour d'elle et tira son voile sur son visage. Mme Davies était petite et presque perdue dans les profondeurs du banc, et ils étaient tous très heureux que l'église soit encore encombrée de ce vieux bois de construction et qu'aucune restauration n'ait encore été commencée. Durant s'assit encore plus en retrait. C'était un endroit sombre : une vieille église, au toit bas et en partie blanchie à la chaux. La fenêtre Est donnait sur un grand chêne qui, avec ses feuilles jaunes, semblait seul donner un peu de lumière. Les lignes mornes des bancs semblaient ajouter au caractère lugubre de la scène, la demi-journée, la pluie bruine, le vieil ouvre-banc qui circulait en motifs — pas de tapis posé pour les pieds des mariés, ni aucun « tapage » fait. . Pourquoi devrait-on faire tout un « tapage » à propos de Bates, la fille du percepteur des impôts ? Et personne n'était disposé à faire honneur à Arthur, mais plutôt à l'inverse, comme un jeune homme abandonnant sa caste et donnant le pire des exemples à tous les autres jeunes hommes.

De temps en temps, quelqu'un entrait avec un bruit de parapluies qui se fermaient et de portes battantes, et remontait bruyamment l'allée et se laissait tomber sur un banc. Des filles, comme Sarah Jane, portant des chapeaux bon marché avec des plumes moins chères, qui s'asseyaient et chuchotaient, riaient et regardaient autour d'elles, et des femmes du type de Mme Bates, avec de grands châles et des bonnets indescriptibles, venaient voir le triomphe des Bates. sans sympathie très amicale. La scène la plus triste ! Durant s'est assis derrière et a tout regardé avec son cœur battant. Dans l'agitation générale dans laquelle se trouvait son esprit, lui aussi aurait pu pleurer comme Lucy le faisait à cause d'Arthur. Combien tout cela était différent des circonstances qui auraient dû accompagner le « jour le plus heureux de sa vie » ; serait-ce le jour le plus heureux de sa vie ; — ou peut-être le plus misérable ? Et pourtant, si le spectateur avait pu prendre la main de cette jeune fille pâle devant lui et la conduire jusqu'à cet autel miteux, combien de temps aurait-il oublié toutes les circonstances ! L'endroit humide, les bancs moites, la misère de la pluie, l'absence de toute beauté et de tout signe de plaisir, qu'auraient-ils fait sinon faire ressortir son bonheur d'autant plus éclatant ? L'effet serait-il le même avec Arthur aussi ? Ils eurent bientôt l'occasion de juger ; car Arthur entra soudainement tout seul, l'air tout sauf extatique. Heureusement, pensa Durant, Lucy ne l'a pas vu, sa tête étant penchée et couverte de ses mains. Mais Durant lui-même observait le marié avec des sentiments qu'il n'aurait pu décrire, un mélange de pitié, d'envie, de sympathie et de mépris. Qu'un homme qui était le frère de Lucy Curtis devrait tout gâcher pour Nancy Bates ! et pourtant avoir le pouvoir de tout gâcher par amour, de donner à la femme que vous aviez choisie, ne serait-ce que Nancy Bates, une telle preuve d'affection, absolue et sans mélange ! Mais Arthur lui-même semblait à peine conscient de cette belle position. Il était très pâle, avec un regard excité autour des yeux qui lui donnait un aspect usé et épuisé. Il ressentait au plus profond de son âme la misère, la crasse, l'humidité et la tristesse. Quel jour pour se marier ! Quel endroit pour se marier ! Quel environnement lugubre ? le vieux Bates et Charley, et l'oncle de Wapping, et pas un seul visage familier pour le regarder avec gentillesse, pour lui souhaiter du bonheur d'une voix chère. Il s'assit devant, regardant fixement, comme Durant, le chêne qui perdait un peu de couleur à cause de ses feuilles d'automne. Cela lui rappelait, par quelque fantastique astuce d'association, les arbres de sa maison. Reverrait-il un jour cette maison ? La disjonction de tout ce qui lui tenait à cœur, de tout ce qu'il connaissait, l'envahit avec un sentiment désespéré de désolation et de solitude – le jour de son mariage ! Arthur sentait qu'il faisait du mal à son épouse, mais comment pouvait-il s'en empêcher ? Lui aussi se couvrit le visage de ses mains. Durant avait l'impression que si Lucy le voyait, elle se précipiterait vers lui avec indifférence à toute apparence, mais elle ne savait pas qu'il l'avait dépassée si tranquillement, tout seul.

Et puis les quelques spectateurs se mirent à chuchoter et à remuer, et à tourner la tête vers la porte ; et on entendit une voiture s'arrêter. Lucy releva la tête et remit un peu son voile. Elle regarda, essoufflée, la mariée, qui montait l'allée au bras de son père. Nancy était vêtue d'une simple mousseline blanche, les ressources de la famille ayant été concentrées sur la « soie » dans laquelle elle devait quitter la maison. Mais elle avait un voile comme la plus élégante des mariées, et une couronne de fleurs d'oranger, telle qu'elle aurait fait honte à la plupart des mariées. Lucy la regardait, oubliant de plus en plus qu'elle ne devait pas être vue, et son cœur se gonflait d'un mélange d'attraction et de répulsion. Cette robe et ce moment égalisent les conditions. Une femme ne peut pas être plus qu'une épouse si elle doit être reine. Nancy avait le droit d'être considérée comme le type de toute la jeunesse et de toute la féminité, autant que si elle avait été la plus exaltée des femmes. Arthur n'était qu'un pauvre type de l'autre côté, mais pour elle il n'y avait aucun inconvénient, à part la pluie, et elle n'avait pas eu conscience de la pluie. La tête un peu baissée, mais sa jolie taille droite, elle marchait dans l'allée, appuyée sur le bras de son vieux père minable, comme un lys, malgré la méchanceté de l'étai. Elle était heureuse; elle était sérieuse ; pleine de crainte, qui donnait de la délicatesse à ses regards et à ses mouvements, incertains mais sereins au seuil de sa vie. Durant, qui n'avait aucun préjugé, s'est instantanément convertie à elle lorsqu'elle lui a transmis, virginale, abstraite, une vision de blancheur et de sérieux et de mystère tendre. Et Lucy, émue contre sa volonté, ne put que regarder, s'oubliant elle-même, jusqu'à ce que le vieux Davies soupire si fort et secoua la tête avec une telle insistance que sa jeune maîtresse prit peur. Ce n'était pas un mariage qui prenait beaucoup de temps. Il n'y avait pas de musique, pas d'hymne nuptial, pas de marche nuptiale pour Nancy Bates, et les deux spectateurs les plus intéressés étaient à peine revenus de leur frisson d'excitation que l'agitation autour de l'autel annonçait que tout était fini et que la fête se dirigeait vers l'autel. sacristie pour signer le registre. Ce fut le signal pour les autres personnes présentes d'ouvrir les portes de leurs bancs, de relever leurs châles et de lever leurs parapluies humides ; et Sarah Jane, pleine d'enthousiasme et de satisfaction, fière de son bonnet blanc et de sa nouvelle robe, trébuchait dans l'allée pour parler à certaines de ses compagnes, dont les robes crasseuses contrastaient si merveilleusement avec ses propres couleurs vives. et des vêtements gays. « Ne s'est-elle pas comportée magnifiquement ? ça ne s'est pas bien passé ? dit Sarah Jane, triomphant de tous ceux qui n'étaient pas en mousseline rose. Et pendant qu'elle donnait des informations sur les futurs mouvements des mariés, décrivant en détail où « Arthur » était sur le point d'emmener Nancy, Durant se penchait en avant pour tenter de convaincre Lucy de partir. Il avait tout oublié de Sarah Jane, mais elle ne l'avait pas oublié. Elle poussa un petit cri de surprise et regarda avec impatience la jeune femme à moitié voilée. Puis elle s'éloigna en courant, oubliant même sa mousseline rose, et appelant Arthur à haute voix en s'approchant de la porte de la sacristie, par laquelle le reste de la société était entré.

« Arthur ! Arthur ! » cria-t-elle en se précipitant parmi eux, il y a là un des vôtres...

« Taisez-vous », dit sa mère alarmée. « Sarah Jane ! souviens-toi que tu es à l'église.»

« Je parle à Arthur, maman ; il y a un de vos hommes là-bas, aussi sûr que tout, et M. Durant avec elle. Il ne m'a pas vue, s'écria Sarah Jane en rougissant de colère, mais je le connais ; et il y a une jeune femme et une vieille dame.

"Et tout à fait naturel aussi, et j'en suis très heureuse", a déclaré Mme Bates. « Imaginez que je reste à l'écart si c'était le mariage de Charley ! Je vais demander à ma dame de venir dîner un peu.

« Ce doit être une erreur, » dit Arthur, plus pâle que jamais ; "ce ne peut pas être ma mère."

Il tendit la main pour arrêter Mme Bates ; puis il resta consterné, la regardant. Il ne pouvait pas quitter sa nouvelle épouse, et comment pourrait-il croiser le regard de sa mère ?

« Oh, allez, allez », dit Nancy ; "tu n'as pas besoin de te soucier de moi." Puis elle-même fondit, touchée par la situation. « Oui, vas-y, Arthur. Je t'attendrai », dit-elle avec quelque chose qui ressemblait presque à de la dignité.

Il n'osait pas l'emmener avec lui. Il partit avec un mélange d'empressement et de réticence, étonné, affecté, prêt à bénir sa mère ou à se débarrasser pour toujours de tout devoir envers elle.

Il trouva Mme Bates haranguant le vieux Davies, la servante de sa mère, l'appelant « ma dame » et la suppliant de leur faire l'honneur de venir au petit-déjeuner de mariage.

« Je ne prétends pas appeler cela un petit-déjeuner, cela ressemble plus à ce que Votre Seigneurie appellerait un déjeuner ; mais il faut que les jeunes gens aient quelque chose de substantiel avant de commencer leur voyage, et nous l'accepterons avec tant d'amitié et avec un tel honneur. C'est exactement ce que nous souhaitions et que nous n'osions pas espérer, ma dame, " dit Mme Bates, rayonnante. « Arthur, vous pouvez dire à madame… »

"Eh bien, Davies, toi!" s'écria vivement Arthur, piqué par une soudaine rage. "Que faites-vous ici?"

« Davies ! N'est-ce pas ma dame après tout ? s'écria Mme Bates.

Lucy était presque accroupie dans un coin du banc ; mais lorsqu'elle vit le visage troublé et usé de son frère, elle ne put se retenir.

"Oh, Arthur, comment peux-tu penser que maman viendrait?" dit-elle. « Comment a-t-elle pu venir après la lettre que vous lui avez envoyée ? Mais nous ne pouvions pas laisser cela se passer sans quelqu'un près de chez vous qui vous aimait ; et je suis là, dit Lucie en s'avançant, remettant son voile, les larmes lui montant aux yeux.

Arthur fut bouleversé par sa vue, par sa voix, et par l'incident tout court. Il était tellement excité et bouleversé qu'il aurait pu pleurer aussi. Il prit les mains tendues de sa sœur et l'embrassa sur la joue.

«Lucy, je n'oublierai jamais ça. Venez parler à Nancy, et ensuite ils pourront vous emmener.

Ici, Durant s'est manifesté, avec le sentiment qu'il serait condamné de tous côtés.

« Je ne pense pas que Lady Curtis voulait dire que votre sœur devrait voir qui que ce soit », dit-il.

"Lucy, je suppose que tu es assez vieille pour choisir par toi-même. Est-il le gardien de ta conscience ?" s'écria Arthur.

Lucy regarda son tuteur, avec un léger sourire désapprobateur tremblant sur les lèvres.

« Il le faut », dit-elle ; "Je dois! Comment puis-je l'aider ?

Elle semblait lui demander la permission ; et qu'était-il pour donner ou refuser la permission ? Il s'écarta et, d'une main réticente, ouvrit la porte du banc.

À ce moment-là, Nancy, fatiguée d'attendre et attirée par une puissante curiosité, s'avança seule. Elle avait rejeté son voile de mariée. Il était naturel qu'il y ait une certaine expression de défi sur son visage. Elle s'avança vers eux avec une apparence d'insouciance, un air cavalier. Le cœur de Nancy battait assez fort. Elle avait peur des dames qu'elle pourrait affronter, mais cela ne faisait que lui donner un aspect plus audacieux et plus impertinent. Elle était à moitié blessée qu'il l'ait quittée un moment, à moitié inquiète du résultat, et vraiment impatiente et nostalgique, souhaitant plaire si elle le pouvait, si quelqu'un avait pu voir dans son cœur. Mais on n'aurait pas pu trouver une image d'un défi plus complet et d'une liberté plus impertinente que celle de cette jeune fille, avec son voile relevé en une masse froissée, s'approchant d'un mouvement audacieux de sa personne et d'un pas sonore . Toute sa grâce virginale, sa tendre enfance et sa féminité semblaient s'être soudainement envolées.

Lucy la regarda et frémit ; sa lèvre tremblait de plus en plus ; elle regarda Durant avec un appel, elle regarda Arthur avec un regard pitoyable. Finalement, elle s'avança et dit doucement :

« Je ne dois pas rester. Je souhaite que vous soyez très, très heureux, vous et mon frère. Oh, Arthur, tu sais que je te souhaite du bonheur ! Puis elle fit une pause, car Nancy ne répondit rien. « Je suis désolée, continua-t-elle en hésitant, que tout ait été si malheureux, que nous ne vous ayons pas connu, qu'Arthur ait été si méchant ; mais ce n'est pas notre faute.

"Oh, ça n'a pas d'importance", a déclaré Nancy. Elle fut touchée par le regard de la jeune fille qui se tenait devant elle, mais céder était impossible. « Cela n'a pas d'importance du tout. Je ne pense pas que nous aurions dû nous entendre si nous nous connaissions. Il vaut mieux que ce soit comme ça.

Et sur ce, elle se tourna et revint lentement vers la sacristie, leur tournant le dos. Lucy resta immobile un moment, consternée. Puis elle dit, essoufflée :

« Au revoir, Arthur, au revoir ! Davies vous donnera une lettre, mais ne l'ouvrez pas maintenant. Au revoir et que Dieu vous bénisse. Emmenez-moi, M. Durant, emmenez-moi ! Viens, viens, dit-elle en le pressant alors qu'ils arrivaient à la porte. « Je vais encore pleurer si nous n'y allons pas, je suis tellement idiote. La pluie ne m'importe pas, viens, viens !

Puis ils furent de nouveau dehors, dans la rue mouillée, à distance même du vieux Davies, qui arrivait après eux en clopinant, la pluie leur soufflant au visage, tout était fini. Lucy s'accrochait à son bras et le poussait à avancer, étouffant les sanglots qui lui montaient à la gorge.

"Comment puis-je me pardonner?" il pleure. "J'ai permis qu'on t'insulte, moi qui ne laisserais pas le vent souffler sur toi si j'avais ma volonté."

Elle s'en souvint après coup et de son regard agité, mais ne les vit pas alors.

"Oh, ce n'est pas ça", dit-elle. « Ce n'est pas grave, comme elle me l'a dit. Mais oh, Arthur ! il ne nous appartient plus, il ne se soucie pas de nous ! s'écria Lucy avec le choc de la découverte qu'aucune préparation préalable de l'esprit ne peut atténuer.

Elle avait dit en arrivant que son frère était séparé de sa famille ; mais maintenant elle le voyait de ses yeux et ressentait la netteté du fait, si différente de l'anticipation. Durant était plein de cent scrupules, comme s'il en était la cause. Il aurait dit assez philosophiquement à sa propre sœur que c'était le cours de la nature ; mais il semblait horrible, contre nature, qu'une telle chose arrive à Lucy. Les petits sanglots réprimés qui sortaient d'elle de temps à autre, tandis qu'ils remontaient au train, semblaient lui déchirer le cœur.

CHAPITRE XII.

BIEN que ce fût le jour de son mariage, et bien qu'il fût un amant passionné, il serait impossible de décrire la sensation de désespoir avec laquelle Arthur vit sa sœur et son ami se précipiter hors de l'église. Son épouse l'avait laissé de l'autre côté, lui tournant le dos. Il est resté là, avec Mme Bates et le vieux Davies ! Il y avait un air tragique et ridicule dans le groupe qui semblait être le point culminant de cette misère du temps et des environs, que même la couronne de mariée de Nancy et la mousseline rose de Sarah Jane ne pouvaient contrecarrer. Mme Bates et Mme Davies étaient parfaitement assorties. Ils étaient prêts à se jeter à la gorge, métaphoriquement, alors qu'ils se tenaient là, face à face : Mme Bates rouge de confusion et de colère à l'idée qu'elle aurait dû appeler cette *personne* ma dame, et Davies fondu en larmes et sans voix d'indignation. . Qu'avait le jeune Arthur à faire entre eux ? Ils semblaient être des emblèmes symboliques de son destin. Ne plus avoir à faire avec les belles choses de cette terre, la grâce, la cultivation, la beauté ; mais avec des conditions plus mesquines, une prose d'existence nue et peu attrayante. Tout ce qui était délabré, rouillé et pauvre avait remplacé tout ce qui était beau, agréable et de bonne réputation. La beauté et la jeunesse étaient des qualités évanescentes ; ils s'éloigneraient même de son épouse ; et qu'avait-il à espérer sinon une autre Mme Bates comme dernière compagne ? Cette horrible idée ne se communiquait pas en tant de mots, mais elle flottait vaguement dans l'air, donnant à Arthur une soudaine horreur pour Mme Bates, qui avait pris la place de sa mère, à ce qu'il semblait. Il se détourna pour suivre Nancy, mais fut arrêté par le vieux Davies, qui cria un « Oh, Maître Arthur ! » désespéré. et lui mit dans la main une lettre mouillée de larmes inutiles.

« Est-ce que ça vient de ma mère, Davies ? il a dit.

«Je ne sais pas, Monsieur, si c'est ma dame ou Miss Lucy. J'aurais dû le prendre; Je n'aurais pas dû te voir ; mais maintenant que je vous ai vu… oh, maître Arthur, maître Arthur, comment le pourriez-vous, monsieur ? s'écria Davies, les yeux ruisselants et les mains levées.

Il se détourna, la rage au cœur, serrant involontairement la main ; mais à ce moment Mme Bates intervint et changea le cours des sentiments d'Arthur.

"Vous êtes une personne des plus impertinentes", a déclaré Mme Bates. « Comment oses-tu parler ainsi à mon gendre ? Et à l'église aussi ! Même si tu n'es qu'un serviteur, tu devrais en savoir plus.

« Davies ! » s'écria Arthur en se précipitant en arrière et en prenant les mains de la vieille femme, va après Lucy, vite ! Elle est seule. Mais dites d'abord : «

Que Dieu vous bénisse ! cher vieux Davies. Il n'y a jamais eu un moment où vous n'avez pas dit « Que Dieu vous bénisse » auparavant ! »

"Et je le dirai!" s'écria la vieille femme. « Je le dirai, peu importe qui entendra. Oh, Maître Arthur, mon cher, que Dieu vous bénisse ! Mais vous avez brisé le cœur de ma dame, et celui de Miss Lucy aussi.

« Courez après elle… allez, Davies, allez ! ma sœur est seule, s'écria Arthur en lui serrant si bien ses jeunes mains et en la tournant vers la porte avec une telle impétuosité, que le pauvre vieux Davies faillit trébucher sur les nattes de l'allée.

Il fourra la lettre dans sa poche et retourna vers Nancy, qui se tenait à la porte de la sacristie, le regardant autour d'elle, avec rien que du dédain sur le visage et peu que de la consternation dans le cœur.

" S'il me laisse comme ça maintenant, que fera-t-il après ? " Nancy se disait : et bien qu'elle l'aimât tendrement, et bien que ce fût un grand mariage pour Nancy Bates, son cœur tressaillit pour le moment devant les difficultés qui l'attendaient, et elle se repentit de la mesure qu'elle venait de prendre. Elle se tenait contre la porte de la sacristie, défiant, semblait-il, son époux et tous ses effets, les narines dilatées, les lèvres retroussées et le regard insolent. Mais dans son cœur, quelle obscurité de désespoir frémissait chez la pauvre Nancy ! Qu'avait-elle fait ? Plongée dans un monde nouveau, tout contre elle, qui lui était supérieur, où elle n'avait plus qu'Arthur, qui déjà, dix minutes après lui avoir promis sa foi, l'avait abandonnée... pour *eux* ! Oh, comme c'était mieux d'être resté auprès de la vieille mère, du père minable qui l'aimait ! Tout son être intérieur frémissait sous l'effet d'une soudaine désolation et d'une illumination. Mais avec quel air de dédain et de défi elle regardait son époux alors qu'il revenait vers elle ! aucun adoucissement dans ses yeux, même s'il y en avait dans son cœur.

"Pardonne-moi, Nancy," dit-il doucement. « Vous avez le droit d'être contrarié ; mais ne te détourne pas de moi, ma chérie, comme si j'étais indigne d'un regard.

"C'est vous qui me trouvez indigne d'un regard !" s'écria-t-elle, "vous et votre belle sœur, et tous vos grands amis. Oh, je suis sûr que vous préféreriez de loin aller vers eux. S'ils étaient venus hier au lieu d'aujourd'hui !

« Chut, chut ! » dit-il en lui prenant la main à contrecœur. Elle était tout ce qu'il avait au monde maintenant, et tous les mouvements de colère qui pouvaient surgir dans son esprit étaient rapidement réprimés par l'urgence. Les gens ont plus de domination sur leurs sentiments qu'ils ne le pensent. Il s'est débarrassé du ressentiment qui surgit si vite quand les nerfs sont surexcités et l'esprit excité, par la simple force de la position ; car s'il se permettait de se brouiller avec Nancy, que lui restait-il ? La situation était impossible. Il lui passa la main sous son bras. « Est-ce que tout le monde est prêt ? il a dit. « Nous n'avons pas beaucoup de temps à perdre. Viens!" ajouta-t-il plus bas. "Chéri, nous allons laisser tous les ennuis derrière nous, de ton côté comme du mien."

"Il n'y a aucun problème de mon côté!"

« Eh bien, sur le mien ; nous laissons tout derrière nous. Tout n'est-il pas bonheur, tout délice au-delà de cette porte d'église ?

Elle ne pouvait pas continuer la controverse : car le visage d'Arthur avait retrouvé l'air d'amant que Nancy avait ressenti au cours de cette étrange matinée. Elle devait marcher à ses côtés, avec son bras dans le sien, et ses paroles douces et ses regards rayonnants, et la façon dont il tenait sa main sur son bras, lui volèrent peu à peu à la fois la misère et le défi de son cœur. Elle commença à oublier les détails fâcheux et à ressentir seulement le frisson de cette chose mystérieuse qui s'était produite. Qu'elle n'était plus Nancy Bates mais Mme Arthur Curtis, pour être un jour ma Lady Curtis – non plus une pauvre fille, la fille du percepteur des impôts, mais une dame ! En un instant, ce changement mystique s'est produit. Et elle *a été* changée ; elle le sentit, avec un soudain dégoût de sentiment. Le rire de Sarah Jane derrière elle la remplit d'une honte à moitié impatiente. Elle était ennuyée d'entendre sa mère raconter l'incident qui venait de se terminer. Elle-même avait le droit d'être en colère, mais qu'avaient-ils à voir avec la visite de Miss Curtis ? La visite de Lucy ! c'était ainsi que la femme de son frère avait le droit de l'appeler ; mais « les Bates » n'avaient aucun droit d'intervenir. Si Arthur avait dit cela, elle aurait éclaté de ressentiment et aurait déclaré que sa famille était aussi bonne, sinon meilleure, que la sienne ; mais dans la retraite de son âme privée, retraite qui n'était encore en rien altérée par le fait qu'elle était mariée, c'était ainsi qu'elle pensait. Cela lui donnait un sentiment d'importance que Lucy soit venue. Elle n'avait pas prêté attention à la famille d'Arthur, mais ils avaient été obligés de faire attention à elle. Et dans le temps à venir, quand elle aura peut-être de nombreuses batailles à livrer avec eux, il serait bien d'avoir ce fait en main. En conséquence, lorsque le groupe arriva à la maison, ce fut Nancy qui fit taire sa mère, dont l'indignation contre Arthur pour lui avoir permis d'appeler la vieille nourrice Davies comme ma dame était grande.

"Maman, tu vas arrêter ça", dit Nancy. « Tu es sorti précipitamment de la pièce avant qu'Arthur ne s'en rende compte. Était-ce sa faute ?

Mme Bates était abasourdie. Elle avait pensé à beaucoup de choses qui pourraient arriver, avant que Nancy ne prenne le relais pour sa nouvelle famille.

« Bénis-nous tous ! » dit-elle, "est-ce une raison pour que personne n'ose parler, parce que vous êtes Mme Arthur Curtis ?"

Mais ce n'était pas le moment de se disputer. Et lorsqu'après le repas que Mme Bates avait cru appeler un déjeuner, la mère et les sœurs quittèrent la table avec la mariée, en corps, pour changer de robe, selon la formule bien comprise des mariages, il y eut rien que de l'affection et des larmes, comme il convient en un pareil moment. Aucun étranger n'était présent au repas. Sarah Jane avait fortement souhaité que M. Raisins soit invité, lui qui, semblait-il, serait susceptible de provoquer un autre « mariage dans la famille » d'ici peu. Mais cela n'avait pas été permis, en partie à cause d'Arthur, en partie parce qu'il n'y avait pas de place.

"Nous devons avoir votre oncle Sam, et comment allons-nous en insérer un autre?" Mme Bates avait demandé ; et toutes les protestations indignées de Sarah Jane sur l'impossibilité d'un mariage « sans un jeune homme », furent réduites au silence par l'impossibilité physique. Le nombre limité de convives enlevait ainsi au repas une grande partie du caractère festif supposé. Sans le gâteau de mariage posé sur la table, cela aurait pu être un dîner domestique très ordinaire ; et même la mousseline rose de Sarah Jane lui était de peu d'utilité et n'avait aucun effet notable sur son moral. Pour être sûr qu'il y avait quelques personnes qui venaient prendre le thé, quelle que soit la consolation que l'on puisse en tirer. Le petit salon était chaud et étouffant avec huit personnes assises autour de la table ; et aucun effort qu'Arthur pouvait faire ne pouvait éloigner de son esprit le sentiment de l'incongruité grotesque de la scène. Les passants regardaient par la fenêtre pour voir la noce et avoir un aperçu de la mariée. Arthur avait trouvé dans le salon un paradis terrestre presque toutes les deux heures ; mais il n'avait pas l'habitude de venir à cette heure. Il n'avait même jamais vu la famille lors de leur dîner matinal ; et se faire boire à la santé par l'Oncle Sam de Wapping était pour lui une expérience nouvelle.

"J'espère que vous serez tous les deux heureux, M. Curtis, et que vous aurez toutes les satisfactions à Nancy", a déclaré M. Sam Bates, buvant solennellement un verre de porto brun et vaporeux qu'ils ont tous promis à la mariée et Il la regardait comme si elle eût été un objet tout juste vendu, calculant tous les usages qu'on pourrait en faire, espérant qu'elle lui donnerait satisfaction. « J'ai beaucoup entendu parler de ma nièce Nancy et je sais qu'elle a bénéficié de nombreux avantages », a-t-il déclaré. "J'espère qu'elle les respectera, M. Curtis, et qu'elle vous donnera toute satisfaction dans l'état de mariage."

C'était le toast du jour, et ils espéraient tous qu'Arthur se serait levé et aurait fait un discours ; et quand il dit seulement : « Je vous suis très reconnaissant, M. Bates », ils furent tous un peu déçus, surtout à cause de l'Oncle Sam, qui, selon eux, avait besoin d'une preuve pratique que le mari de Nancy était, en réalité, le même C'était un excellent gentleman et un membre des classes supérieures comme ils l'avaient présenté – sans se rendre compte que le discours de Sam prouvait à lui seul sa perception du fait. Et il était très étrange que tous ces détails, qui auraient beaucoup amusé Arthur, avec un amusement bienveillant et sans culot, lorsqu'il commençait à venir à la maison, et que, même jusqu'à une époque très récente, il considérés avec une aimable tolérance, auraient dû lui devenir insupportables maintenant, au moment même où il était devenu légalement membre de la maison et avait plus de raisons que jamais auparavant de les juger charitablement et de considérer leurs actes et leurs paroles avec des yeux indulgents; mais c'était ainsi. Comment cela devait-il se passer, c'est difficile à expliquer, mais c'était tout à fait naturel à ressentir ; et il n'est guère possible d'exagérer l'impatience qu'il avait de s'enfuir et d'emporter Nancy. Elle lui appartenait désormais : « il n'avait plus aucune raison, se dit-il inconsciemment, de supporter cela ». Il a été affranchi. Bientôt il y aurait la terre et la mer, des kilomètres et des lieues de terre anglaise et des terres étrangères entre elles ; et ce serait sa faute s'il s'exposait à un autre dîner dans ce salon. Lorsque Nancy est partie se changer, accompagnée de sa mère et de ses sœurs, M. Bates a sorti le rhum et a appelé « la fille » pour obtenir de l'eau chaude.

« Vous en prendrez une goutte avant de commencer, pour avoir de la chance », dit-il ; et même si Arthur n'en acceptait pas, Sam Bates était tout à fait disposé à le faire. Son odeur rendit malade le jeune homme, pour la première fois exigeant et critique. Il se leva et se dirigea vers la fenêtre pour chercher la voiture qui venait emmener sa fiancée et lui. Ils allaient directement à Douvres, pour traverser dans un jour ou deux. Comment il comptait les instants jusqu'à ce qu'il puisse sortir à l'air frais, même humide et sombre, pour ne plus jamais, avec sa volonté, revenir ici.

Mais un autre choc attendait le pauvre Arthur lorsque Nancy descendit vêtue de la « soie » qui était la couronne de son petit trousseau. Il était léger et fin, et bruissait beaucoup, et était d'une sorte de couleur saumonée, entre le rose et le brun, largement bordé de volants, de franges et de morceaux de dentelle – toute sorte d'ornementation fleurie. Les femmes étaient si fières de l'effet, que Nancy fut amenée en bas avec la petite veste marron au bras, qu'elle devait porter par-dessus ce costume resplendissant, qui, semblait-il aux yeux d'Arthur, aurait pu être porté lors d'une exposition de fleurs. par une brillante journée d'été; car il n'était pas suffisamment instruit dans les détails pour savoir à quel point l'élaboration bon marché de la robe de Nancy aurait pu se démarquer parmi les productions de mode les plus coûteuses.

"Mon! quelle houle ! s'écria Charley Bates, tandis que les deux aînés levaient les yeux complaisants de leur rhum et de leur eau. C'était en effet un moment de fierté pour la famille.

"La pensée que j'ai eue à propos de cette robe!" » dit la fière mère en tirant ici et en pinçant là les plis craquelés, « car vous voyez qu'il y avait tant de choses à penser ; le moment présent n'est pas tout ; et si elle en prend soin, ce sera très bien pour l'été prochain, et toujours une belle robe pour une occasion. Et puis s'ils rencontrent des amis, et qu'on leur demande de sortir d'une soirée, la voilà ! Qu'est-ce qui pourrait être mieux? Vous pouvez dire qu'elle est géniale, mais durable était dans mon esprit.

«C'est une superbe salle de costumes», dit l'Oncle Sam. « J'espère qu'il y a quelque chose dans la poche pour porter chance. Et tu es très jolie dedans, Nancy, et je te souhaite la santé pour le porter, ma chère, et bien plus encore quand ce sera fait.

« Elle ne doit pas en chercher beaucoup comme ça », dit Mme Bates ; « Pas seulement à présent, jusqu'à ce que Sir John revienne. Les parents peuvent aller jusqu'au bout, mais je ne voudrais jamais qu'une jeune femme soit dure avec son mari. Retourne-toi, ma chère, et montre les basques. Je n'ai jamais vu de robe qui fasse plus honneur à Miss Snips. Mais Arthur ne donne pas son avis. Un châle ! Oh, si ce n'est pas comme un homme ! Couvrez-la d'un châle le jour de son mariage ! »

"Mais et si elle attrape froid le jour de son mariage ?" dit le pauvre Arthur.

Il posa sa main caressante sur l'épaule rose et regarda sa fiancée avec toute l'apparence d'admiration qu'il pouvait mettre pour cacher sa secrète horreur. Il était épuisé d'excitation et d'émotion, ce qui était sans doute la raison pour laquelle ce dernier accident lui donnait un tel frisson d'horreur.

Nancy, qui était devenue méfiante à mesure qu'il devenait pointilleux, a pris feu instantanément. Elle s'éloigna de son contact caressant.

"Je ferais mieux de remonter à l'étage et d'enfiler mon vieux mérinos !" s'écria-t-elle avec un accès de passion, se retournant avec une impétuosité indignée et une fureur de déception dans le cœur. Ils l'ont tous attrapée et retenue pendant qu'elle luttait pour se libérer.

« Elle a toujours été comme ça », s'écrie sa mère. « Elle n'a jamais pu supporter un mot de ses affaires. Nancy, chérie, ce n'est pas qu'il n'aime pas ça. C'est toute son anxiété pour toi.

« Ma chère Nancy, la voiture est là », s'écria Arthur à moitié affolé. « Nous allons perdre le train. La robe est belle, mais la journée est froide et humide… »

"Tu ne vois pas, chérie, il ne veut pas que tu gâtes ta jolie robe..."

"Et sois enrouée comme un vieux corbeau pendant toute la lune de miel", dit l'aimable Mathilde. « C'est à cela que pense Arthur, et c'est vrai aussi ! Et voici mon nouveau châle, que j'ai fait exprès. Regardez le cocher, hors de sa loge, qui regarde à l'intérieur.

Cela les a tous réduits au calme. Le cocher était assis sereinement au-dessus de lui, contemplant la scène du salon avec beaucoup de satisfaction. Son attention, cependant, était principalement centrée sur le rhum et l'eau fumants, qui, bien que dégoûtants pour Arthur, semblaient très confortables au cocher humide sous la bruine, qui était âgé et n'avait aucun intérêt particulier pour la mariée. « Seigneur, comme certaines personnes s'amusent ! » disait-il dans son âme secrète. Et heureusement, nous n'avions plus le temps de penser à la robe. Mathilde enveloppa sa sœur dans son grand châle, et ils se pressèrent tous avec des baisers et des adieux, dont Arthur eut sa part. Il n'aimait pas qu'on l'embrasse, mais comment pouvait-il s'en empêcher ? Il avait un bon comportement, prêt à tout accepter et à tout pardonner pourvu qu'il puisse s'en sortir.

Et quand ils sortirent enfin de la porte, quel soulagement ce fut ! Les Bates se tenaient tous en cercle à l'extérieur, saluant de la main et encore d'autres baisers, sans prêter attention ni à la pluie ni aux spectateurs traînés qui se tenaient à proximité. Les autres missiles qui sont courants en de telles occasions ne manquaient pas non plus. Une vieille chaussure blanche, une de celles que Sarah Jane avait dansées en morceaux le soir du bal des Volontaires, leur lança violemment après eux, jeta un coup d'œil par la fenêtre et tomba sur le siège opposé alors qu'ils partaient. Jamais un sort plus sordide n'a été déchaîné sur le bonheur timide et douteux pour lequel Arthur Curtis avait payé un si grand prix. Il le prit entre son pouce et son doigt et le lança par la fenêtre. Peut-être que c'était aussi une mesure peu judicieuse à prendre.

«Je pense que vous auriez pu aller un peu plus loin avant de montrer à mes parents à quel point vous les méprisez, Arthur», s'écria Nancy, les joues enflammées.

Pauvre Arthur ! il n'y avait pas beaucoup de rire dans son humeur. Mais il s'efforçait d'être léger et gai.

« C'était trop sale pour quoi que ce soit », dit-il en riant ; puis il la prit dans ses bras et dit : « Enfin, Nancy ! seulement toi et moi !

"Oui; vous vous en êtes enfin débarrassés tous, dit Nancy en faisant un effort pour résister.

Mais après tout, ils étaient amoureux l'un de l'autre et s'étaient mariés le matin même. L'hostilité naissante s'est calmée, il a pardonné sa tenue vestimentaire et elle a pardonné ses critiques. Ses manières étaient aussi imparfaites que sa robe ; mais maintenant elle était libérée de toutes influences perverses, et elle était sa Nancy, son épouse, la fille qu'il aimait, l'objet de son choix. Il avait payé cher le prix qu'il emportait. Ce n'était certainement pas le moment de rechercher les défauts de ce prix maintenant.

Ainsi partent-ils en lune de miel, pauvres jeunes âmes inexpérimentées ! Il la persuada, sans grande difficulté, de rester d'abord quelques jours à Londres, dans l'espoir de pouvoir rectifier sa tenue vestimentaire, car comment pourrait-il l'emmener en France, où la tenue vestimentaire compte quelque chose, pour voyager en novembre dans un saumon... une robe en soie colorée ? Cela peut sembler une mauvaise chose pour occuper les pensées d'un époux. Mais ensuite, la véhémence d'un réformateur et d'un missionnaire s'est ajoutée dans le cas d'Arthur au nouveau sens des responsabilités qui s'imposait à lui. Il devait la rendre parfaite – s'il le pouvait.

CHAPITRE XIII.

La longue avenue d'Oakley était aussi morne que la rue humide d'Underhayes. La pluie bruine, une chute douce et constante, la moitié de la douche froide, la moitié des feuilles jaunes, continuant sans interruption. Çà et là, un des grands chênes dont le lieu tirait son nom se dressait tout roux et solide, avec les feuilles sèches accrochées à ses branches ; ici il y avait de faibles flottements de sycomore et de tilleul dénudés, là des ormes se dressant dans une verdure désolée et fanée, tous rouillés, défraîchis, en lambeaux, les vêtements de leur année usés. La maison elle-même apparaissait au fur et à mesure qu'ils avançaient, grise et froide, avec sa large façade basse qui s'étendait le long des terrasses humides, si vertes de pluie qu'elles mettaient tout en désaccord. Le quartier était fier d'Oakley Hall, que l'on disait être purement italien, palladien ou quelque chose de plus beau encore s'il y a un mot plus beau. Elle avait une façade imposante avec des frontons et des piliers, censés être blancs, mais actuellement de la couleur même du froid, de l'humidité et de la tristesse. Lady Curtis frissonnait pendant qu'ils avançaient, l'apercevant par aperçus, tantôt plus, tantôt moins distinctement à travers les arbres. C'était sa maison, mais il n'y avait pas beaucoup de sympathie entre la femme vive et réactive et la splendeur vide de la longue et froide maison. Elle n'a jamais aimé ça. Ce qu'elle aurait donné pour de la brique rouge ! mais Palladio était bien plus digne, sinon aussi aimable. "Comme nous serons tristes sans Arthur", dit-elle alors qu'ils s'approchaient. Ils ne s'étaient pas beaucoup parlé pendant le voyage. Tout ce qu'on pouvait dire sur Arthur avait été dit la nuit du retour de Lucy d'Underhayes, mais il n'était plus possible de garder un silence absolu à son sujet maintenant. La maison était tellement pleine d'Arthur ; on semblait le voir sur les marches, dans l'avenue, apparaissant à travers le parc avec son fusil. Et maintenant, il avait disparu des lieux. Leur propre départ soudain, lorsqu'ils avaient entendu parler pour la première fois de sa folie, avait brisé le reste d'une équipe de tir qui s'était rassemblée à Oakley, principalement pour le plaisir d'Arthur, mais à laquelle aucune persuasion n'avait incité Arthur à se joindre. Maintenant, les hommes et leurs fusils étaient tous partis, et il y avait un intervalle de calme devant eux jusqu'à Noël, lorsque le groupe habituel d'amis parlementaires de Sir John se réunirait. Rien que le deuil ne pouvait interférer avec cela ; et « nous ne pouvons pas porter le deuil d'Arthur, même si Dieu sait que nous le pourrions, si la séparation était tout ce que cela signifiait », a déclaré Lady Curtis.

"Oh, maman!" dit Lucy avec son ton habituel de douce remontrance.

Lady Curtis était très rapide et franche. Elle disait de ses lèvres bien des choses que les gens ne disent en général que dans le repli de leur esprit. Lucy *faisait à nouveau les cornes* lorsque sa mère parlait du deuil d'Arthur. Cette suggestion lui était intolérable. Cela jetait un nuage supplémentaire sur la morne avenue ruisselante et sur le blanc gris de la maison sans yeux.

Sir John, qui en réalité les attendait avec impatience, ne vint pas à leur rencontre, étant un peu trop tard pour quitter sa chaise dans la bibliothèque, ce qui était son habitude. Il y avait souvent des avantages à cela ; et peut-être aujourd'hui, comme en d'autres occasions, valait-il mieux que ce soit dans sa bibliothèque qu'il reçoive sa femme et sa fille, au lieu de les rencontrer sous les yeux des domestiques. Sir John était un grand homme aux cheveux gris, avec une sorte de dignité simple. Il n'était pas intelligent, et assez souvent les dames trouvaient qu'il était difficile de lui mettre une idée en tête - et quand l'idée lui venait en tête, il avait tendance à la traiter avec un peu de rigueur, comme si c'était une chose plutôt qu'un objet. une idée. Il ne pouvait pas jouer avec les plans et les intentions comme aimait à le faire l'esprit vif de sa femme, et quand il recevait un coup, il l'écrasait avec une sorte de monotonie solide à laquelle il n'y avait aucun soulagement. Il n'avait pas cru possible qu'Arthur persévère dans un mariage qui allait si gravement à l'encontre de ses intérêts, et il avait pensé que ce n'était qu'une « sorte d'absurdité de madame » de penser que ce fait même inciterait Arthur à se jeter plus résolument. Mais maintenant que l'affaire était faite, il n'y laisserait plus aucun espoir. Son fils était perdu, la proie probablement d'une mauvaise femme, certainement d'une femme intrigante, ne cherchant que ses propres intérêts. Il pourrait tout aussi bien mourir sur-le-champ pour tout bien qui pourrait lui revenir maintenant. Et en conséquence de cette détermination de Sir John qu'une telle chose ne pouvait pas arriver, l'acte final du drame l'ayant pris entièrement par surprise, malgré tous les avertissements, l'avait énormément ébranlé dans sa santé ainsi que dans son état d'esprit. confort immédiat. « Autant être mort », avait-il dit après avoir compris qu'il n'y avait plus d'espoir ; et ce furent les paroles qu'il répéta en guise de salutation à sa femme et à sa fille.

« Autant qu'il soit mort immédiatement – pourquoi l'as-tu laissé faire ? il pleure. « Si jamais j'avais pensé qu'il pouvait être aussi stupide, j'aurais dû prendre soin d'être sur place moi-même », a déclaré Sir John.

Il n'avait aucune curiosité à propos de son fils, de l'endroit où il allait, de ce qu'il faisait. Il aurait tout aussi bien pu être mort. Certes, lorsqu'il serait lui-même mort, Arthur devait revenir et régner dans son État ; mais alors Sir John ne ressentait aucune nécessité en lui-même de mourir un jour. C'était si loin qu'il était inutile de compter sur cette éventualité lointaine, et entre-temps c'était son fils qui avait quitté cette vie, l'avait laissée complètement sans possibilité de retour. Il avait passé ces derniers jours bien tristement dans la solitude de sa vaste maison. Un ou deux amis intimes étaient venus le voir, mais il ne se souciait pas de recevoir leurs visites. Le recteur était là depuis longtemps ce jour-là, prêchant d'étranges doctrines : selon lesquelles une chose qui se fait ne peut être défait, et qu'il serait sage maintenant de tirer le meilleur parti de tout ce qui se passait. Le recteur était également un Curtis, le propre neveu de Sir John, et bien qu'il fût choqué par cet incident domestique, il était conscient qu'il valait mieux ne pas permettre que cela aboutisse à quelque chose de scandaleux. Il s'était aventuré à suggérer que les choses pourraient peut-être se passer mieux qu'elles ne le paraissaient. "Mieux!" dit Sir John, il aurait tout aussi bien pu être mort. Il n'avait pu penser à rien d'autre depuis qu'il en avait entendu parler ; et ses pensées à l'égard d'Arthur étaient toutes de celles qui viennent à l'esprit de ceux qui ont perdu leurs enfants. Toutes les vieilles histoires oubliées de la crèche lui revinrent. Quel garçon il était — si actif, si fort, si bon tireur pour son âge, prêt à tout, et avec sa propre opinion sur la politique et tout ça. Alors qu'il était assis dans sa bibliothèque, faisant semblant de lire et d'écrire (et que font les messieurs âgés lorsqu'ils sont enfermés jour après jour, faisant semblant de lire et d'écrire dans leur bibliothèque ?), ces idées surgissaient en lui précisément. comme si Arthur était mort. Il posait brusquement son journal pour réfléchir à une de ses petites plaisanteries à cinq ans, ou à une farce d'écolier à quinze ans. Quelle promesse, quelle capacité, cent fois plus intelligent que jamais ! et tout pour finir là-dessus. La sourde surprise dans son esprit était inépuisable ; comment a-t-il pu être aussi stupide, comment a-t-il pu se suicider moralement de cette manière ? Et pourquoi sa mère n'y avait-elle pas mis un terme ? Cette sourde misère qu'il souffrait n'affectait pas les habitudes ordinaires de Sir John ; » continua-t-il, selon toute apparence, comme d'habitude. Il remplit tous les devoirs auxquels il était habitué ; je mangeais aux heures habituelles, prenais tous les plats d'usage au dîner, et présentais un visage imperturbable au majordome et au valet de pied qui le servaient ; mais son cœur était lourd à la pensée de son fils perdu. Même s'il était si heureux de retrouver sa femme et sa fille, il leur faisait presque des reproches.

« Vous êtes parti, mais vous n'avez rien fait de bien », a-t-il déclaré. « Je m'attendais à peu de choses, mais vous auriez pu être d'une certaine utilité — et vous n'avez été d'aucune utilité. C'est exactement comme s'il était mort.

« Oh, papa, pas ça », s'écria Lucy ; mais Lady Curtis se contentait de pleurer en se laissant tomber dans le grand fauteuil près du feu pour se réchauffer un peu. Elle eut d'abord l'impression que son mari avait le droit de lui faire des reproches, bien qu'elle ait fait tout ce qu'elle pouvait ; car elle l'avait quitté avec peut-être la vantardise de sa propre influence et avec de très grandes espérances. Il lui avait semblé qu'Arthur devait céder ; et non seulement Arthur n'avait pas cédé, mais tout le mal qui avait été menacé était accompli, et leur fils unique était perdu pour eux. Elle ne pouvait pas contredire ce que Sir John disait. Elle était humiliée, elle qui avait été si confiante ; elle était partie en promettant presque de le ramener avec elle, confiante dans son pouvoir sur son garçon. Jamais auparavant son mari n'avait obtenu un tel avantage. Il avait désormais une sorte de droit de se moquer d'elle, s'il voulait l'exercer. Elle n'avait rien à lui répondre. C'était tout à fait vrai ce qu'il avait dit. Quelle différence cela aurait fait si le garçon était mort.

« Je n'aurais jamais pensé qu'on en arriverait là, » dit Sir John, « non pas que je croie à vos remontrances ; mais je n'aurais pas pu croire que cet homme était si stupide. Que pense-t-il en tirer ? Il avait tout ce que son cœur pouvait désirer, une bonne pension, un bon foyer ; et aller se trancher la gorge, pour ainsi dire, en finir avec lui-même ! Il aurait tout aussi bien pu le faire tout de suite. Il ne servira plus jamais à rien.

"C'est tout à fait vrai, c'est tout à fait vrai", dit Lady Curtis, "tout ce que dit votre papa est vrai." Son cœur était si serré qu'elle savait à peine à qui elle s'adressait, Arthur, qui était parti dans sa désobéissance, ou Lucy, chez qui il y avait de légères apparences de défenseur de son frère. La mère ne voulait pas se priver du sens d'un public domestique pour se convaincre, avec qui peut-être leur papa pourrait être efficace, même si elle avait elle-même échoué.

"Qu'est-ce qu'il pouvait penser qu'il y gagnerait !" » reprit Sir John, encouragé par ce soutien qu'il ne recevait pas toujours de sa femme. « La dette et ce genre de choses sont déjà assez graves, et nous savons à quel point les jeunes hommes y sont entraînés ; mais que pouvait-on imaginer que ce serait de la ruine et de la destruction ? que pouvait-il penser qu'il y avait à gagner ?

"Oh, papa!" Lucy ne pouvait plus garder le silence. Ce n'était pas l'habitude de la maison de permettre à papa de tout faire à sa guise. Lorsqu'on avait discuté jusqu'ici des peccadilles de jeunesse d'Arthur, Lady Curtis, même si elle pouvait s'opposer à sa conduite, avait toujours été son défenseur auprès de son père, et l'une des plus grandes merveilles et des circonstances les plus confuses de toutes était ce silence de sa part et cette reddition. comme s'il s'agissait d'Arthur devant être écrasé à la guise de Sir John. Lucy ne pouvait pas rester immobile et tout entendre. "Oh, papa!" s'écria-t-elle, vous parlez comme si le pauvre Arthur ne pensait qu'à son propre intérêt ; était-il si égoïste ? vous savez qu'il n'a jamais pensé du tout à ce qui était dans son intérêt. Ne peux-tu pas croire qu'il l'aimait et que c'était là son motif ?

« Mon cher, » dit Sir John, « je ne vous parlais pas. Vous vous défendez les uns les autres, comme il est naturel. Mais vois, même ta mère n'a pas un mot à dire.

Cela sortit Lady Curtis de sa dépression. « Je désapprouve tout cela autant que vous pouvez le faire, John ; Je suis tout aussi malheureux ; mais je ne pense toujours pas qu'il y ait eu un quelconque calcul dans l'esprit d'Arthur ; comment aurait-il dû y en avoir ? C'était le comble de la folie et de la mauvaise hâte, mais il savait qu'il ne pourrait rien en tirer ; il savait que c'était la ruine, comme vous dites.

"Pourquoi a-t-il fait ça alors?" s'écria Sir John les mains écartées, faisant appel au ciel et à la terre, les sourcils levés, secouant la tête et regardant autour de lui comme pour une réponse. Peut-être qu'il ressentait le plus la défection de son fils, même si lorsque tout allait bien avec Arthur, il ne faisait pas partie de ces pères qui cultivaient indûment leurs fils, mais au contraire était souvent impatient de l'intérêt de Lady Curtis pour tout ce qui concernait le garçon. , et son anxiété à son sujet. « Que pourrait-il lui arriver ? Sir John avait l'habitude de dire que, comme cela arrivait parfois, il y aurait du tumulte dans la maison parce qu'Arthur n'écrivait pas assez souvent. « Comptez-y, il va bien. » C'était son humeur auparavant ; mais maintenant, Arthur semblait lui manquer partout où il se tournait. Mille questions semblaient se poser sur lesquelles il aurait voulu le consulter ; il voulait qu'il photographie une réserve trop bien conservée, il voulait qu'il dise ce qu'il pensait de ces nouvelles chaumières qu'il fallait construire. Sir John ne voyait pas la nécessité de nouveaux chalets ; *il* ne voulait pas d'une nouvelle maison, il se contentait de son ancienne ; et pourquoi les autres ne devraient-ils pas être contents ? mais au cas où les chaumières lui seraient imposées, il aurait aimé savoir ce qu'en pensait Arthur. Maintenant qu'il était parti, il semblait y avoir une raison particulière pour faire appel à lui presque chaque jour. C'était comme s'il était mort.

Et il y eut un long silence dans la grande salle où la famille s'était retrouvée après son malheur. Combien peu de familles n'ont pas connu des silences aussi douloureux : quand il y a un absent qu'on blâme amèrement, et que quelqu'un crie dans une angoisse agitée, et que les autres ont le cœur brisé, cherchent des excuses et ne trouvent rien à dire. C'était comme ça. La mère et la fille en avaient discuté jusqu'à ce qu'il n'y ait plus rien à ajouter, mais Sir John n'avait pas eu ce soulagement. Toute sa douleur et sa colère étaient enfermées dans son propre sein, et maintenant elles éclataient. « Pourquoi a-t-il fait ça ? Que pensait-il pouvoir gagner avec cela ? Sir John ne croyait pas que son fils pensait pouvoir en tirer quoi que ce soit, mais comment réprimer le serrement intolérable dans son propre cœur à cause de la perte et de la ruine d'Arthur ? Et pourtant, il était en colère que personne ne défende Arthur lorsqu'il s'arrêtait de parler. Il était également en colère lorsque les femmes tentaient de le défendre. Peu importait de quoi il s'agissait. Il resta silencieux un moment ; et le ciel morne dehors, et l'air morne avec sa double pluie provenant des nuages et des arbres remplissaient les grandes fenêtres de tristesse, ajoutant un autre élément de dépression, et Lady Curtis regardait tristement le feu penché au-dessus, pour avoir un peu d'air. chaleur, et Lucy se tenait près de la table, immobile, les larmes aux joues. Puis Sir John éclata de nouveau.

« S'il y avait eu quelque chose pour le justifier, vous savez ! On a entendu parler d'un homme qui a perdu la tête à cause d'une grande beauté, de quelque chose d'inhabituel – une sirène, vous savez. Mais une fille du village et, d'après ce que j'ai entendu, une virago, un tempérament… »

« Ne parlons pas d'elle », dit Lady Curtis avec un mouvement de dégoût. « C'est suffisant qu'il l'ait fait. Oh, le garçon stupide et stupide ! S'est entièrement séparé de sa propre sphère, de sa vie naturelle et de nous.

« Maman, » dit Lucy, essoufflée, « je ne veux pas excuser Arthur ; mais que pourriez-vous dire de pire de lui, papa et vous, s'il avait fait quelque chose de *mal* ?

Ils se tournèrent tous les deux vers elle, furieux : mais si reconnaissants envers elle d'avoir défendu celui contre qui tous deux étaient en colère au-delà des mots.

"Faux!" pleurèrent-ils tous les deux d'un seul coup. « Es-tu fou, mon enfant ? Pensez-vous qu'il n'a pas fait de mal ?

"Il a été très, très stupide", s'écria Lucy en pâlissant. « Oui, il a tort ; oh, oui, je sais qu'il a tort. Mais s'il avait fait quelque chose de honteux, *de méchant* , mère – les fils des gens l'ont fait – un péché, un crime – vous ne pourriez pas le prendre plus au sérieux, vous ne pourriez pas dire pire de lui.

"Péché!" » dit Sir John. « Lucy, tu es une fille, tu ne comprends pas les choses. Un homme pourrait être suffisamment pécheur pour ne pas se retrancher ainsi. C'est pire, bien pire, tant pour lui que pour nous, que ce que les filles comme vous appellent péché.

"Non, papa!" s'écria Lucy avec des yeux brillants. « Je ne vous entendrai pas parler ainsi d'Arthur. Il vous a désobéi ; mais c'est un homme. Dieu ne veut pas que nous soyons toujours obéissants comme de petits enfants. Et il n'a rien fait de mal. Je n'entendrai personne le dire.

"Faux!" s'écria Lady Curtis, se levant d'indignation et de douleur. « Pensez-vous qu'il est juste d'apporter la misère et la disgrâce dans une famille, de rompre tous ses anciens liens pour en créer de nouveaux, de se débarrasser du père et de la mère, du devoir et de l'honneur, pour l'amour d'une fantaisie, pour l'amour de la vie ? un joli visage ? Que sait-il de plus sur elle qu'un joli visage ? Amour! est-ce là ce qu'on peut appeler de l'amour ? – pour le bien de sa propre volonté et de son propre plaisir, le garçon méchant et égoïste !

Et puis elle se rassit et pleura amèrement, ce qui fut pour elle un soulagement. Sir John ne pouvait pas pleurer, mais il se mettait en colère, ce qui était pour lui un soulagement.

« Que je ne vous entende plus jamais l'excuser, s'écria-t-il, sinon vous me ferez craindre qu'on ne soit pas digne de confiance non plus. Quoi, Lucie ! vous pensez que les enfants ne sont pas censés obéir à leurs parents – vous, une fille ! Alors, que Dieu nous vienne en aide, à quoi devons-nous nous attendre, votre mère et moi ? notre seul garçon perdu dans une relation honteuse, et notre seule fille prête à suivre son exemple.

"Papa!" s'écria Lucy, indignée, mais tremblante.

« Est-ce la perspective qui s'offre à nous ? C'est gentil de votre part de nous avertir ; et de prendre un tel moment pour le faire, alors que nous sommes suffisamment écrasés, je pense. Puis il abandonna ce ton pathétique et sarcastique et se tourna vers elle avec des regards féroces et menaçants. « Mais attention, Lucy, je vais te faire taire, comme les pères avaient le droit de le faire autrefois. Je vous nourrirai de pain et d'eau – par le Ciel, je le ferai – avant que vous vous déshonoriez comme Arthur, à tort ou à raison !

« Chut, chut ! » s'écria lady Curtis réveillée. «Oh, John, tu t'oublies. Lucy, Lucy, ton papa ne le pense pas. Nous ne vous méfions pas. Imaginez vous méfier de Lucy, notre Lucy, John ! Oh, nous n'en sommes pas là ! et elle alla vers sa fille, l'embrassa et la serra fort dans ses bras.

Lucy n'avait pas dit un mot, mais elle avait levé la tête tandis que son père vitupérait, et elle avait fixé ses yeux sur lui avec fermeté. Elle n'était pas une fille à effrayer ; mais sa mère s'effraya en la regardant et en voyant la pâle indignation et la fermeté de son visage.

"Bien sûr, je n'ai jamais voulu dire cela", dit Sir John avec inquiétude, s'asseyant sur sa chaise avec un *bruit sourd de colère* qui ne semblait qu'un écho de son soupir. « Pourquoi mettez-vous vos significations fantastiques dans les mots simples d'un homme ? Ne feriez-vous pas mieux d'aller retirer vos affaires et de vous installer confortablement ? Et tu peux m'envoyer une tasse de thé. C'est toute cette journée misérable et déprimante.

CHAPITRE XIV.

Le recteur monta le lendemain matin voir sa tante et son cousin et entendre leur histoire. Depuis longtemps, rien ne l'intéressait autant ; et bien qu'il fût vraiment désolé pour Arthur, et désolé pour ceux qui avaient tant à souffrir à cause d'Arthur, il y avait un sentiment latent dans l'esprit d'Hubert Curtis qu'un avantage, plus ou moins, même s'il ne pouvait pas dire exactement quoi, était probable. revenir à lui-même de la mauvaise conduite d'Arthur. Il ne voulait pas profiter de la perte de son cousin, mais l'impression était forte dans son esprit que cela serait probablement le cas, qu'il le veuille ou non, et, naturellement, cela l'excitait. Hubert Curtis n'était pas spécialement adapté pour être ecclésiastique ; en fait, on pourrait peut-être dire que, de toutes les professions pour lesquelles il était inadapté, l'Église était la principale. Il n'y avait pas pensé avant l'âge de dix-huit ans, alors qu'il quittait Eton, avec l'idée d'un régiment d'élite et de tous les plaisirs de la vie en tête. À cette époque, Arthur avait quinze ans, et il était devenu tout à fait évident qu'il n'y avait aucune chance qu'un deuxième fils à Hall puisse subvenir aux besoins d'Oakley, comme c'était la tradition dans la famille ; et l'oncle de Sir John, qui était alors en poste, était vieux et de plus en plus infirme. Ceci étant, il y a eu une consultation précipitée à ce sujet dans la famille ; à la suite de quoi le général Curtis rendit une courte visite à son frère à Oakley. C'est à cause de cet oncle, qui était encore un jeune homme, propriétaire du presbytère d'Oakley quand Anthony Curtis, le frère cadet de Sir John, avait grandi, qu'il avait lui-même été fait soldat au lieu d'être ecclésiastique. Il était maintenant général dans l'armée indienne, avec une fortune passable et des fils suffisants pour renforcer toutes les professions. Hubert était son deuxième garçon ; c'était un garçon vif, plein de gaieté, comme le disait sa famille, et plutôt enclin à l'époque à se mettre dans les ennuis – le garçon idéal pour l'armée. Et lorsque le général revint à la maison et annonça le résultat du conclave familial, à savoir qu'Hubert, au lieu de mettre un manteau rouge, devait aller à l'université et étudier pour l'Église, il y eut beaucoup de tribulations dans la vieille maison de Kensington. , où vivait le général avec tous ses enfants. Les sœurs pleuraient avec Bertie, qui était désespéré, et Mme Curtis se promenait dans la maison avec un visage triste, disant à tout le monde : « C'est tant pour son intérêt, c'est mille par an. Au bout d'un certain temps, il est vrai, cette considération guérit et pansa même le cœur brisé de Bertie. Un homme ne parvient pas facilement à posséder mille dollars par an en tant que soldat, et on n'a pas prétendu qu'il était intelligent pour se frayer un chemin vers l'avant de sa profession ; tandis qu'ici son revenu serait certain et immédiat, et rien ne dépendrait de son habileté. La paroisse était petite ; il y avait une capitale, une très bonne société, de la bonne chasse, de la pêche, tout ce qu'un homme peut désirer ; et quant au devoir, il n'y en avait pas beaucoup, et, grâce à un vicaire, il serait toujours possible de diminuer le peu qu'il y avait.

Ainsi les choses furent aplanies et Bertie alla à l'Université ; et en temps voulu, à la mort de son oncle, il devint recteur d'Oakley, comme tous ses grands-oncles avant lui. Il était si consciencieux qu'il n'avait pas de vicaire, la paroisse ne comptant qu'environ deux cents habitants - c'est-à-dire qu'il n'avait pas de vicaire permanent, bien qu'il se livrait librement à une aide occasionnelle. Mais on peut supposer que dans ces circonstances, Bertie Curtis n'était peut-être pas aussi adapté à son travail, ni aussi dévoué à celui-ci que la plupart des autres ecclésiastiques dont nous sommes si fiers en Angleterre. Il aimait son aisance, ce qu'ils ne sont pas censés faire, et cette liberté d'aller où il voulait et de faire ce qu'il voulait, à laquelle seuls les membres les plus riches de sa profession peuvent se livrer. Il a participé à toutes les courses dans tout le pays. , et parié beaucoup d'une manière tranquille ; mais, bien sûr, les gens du village ne savaient pas où il se trouvait lorsqu'il était absent de chez lui, et il aurait tout aussi bien pu être à une réunion de l'Union de l'Église qu'à celle de Doncaster. Et Sir John et les autres magnats s'en fichaient. Certains d'entre eux ont dit que Bertie Curtis avait été jeté là où il était, un si brave garçon ! Il « s'en sortait » aussi bien que s'il avait été le curé le plus dévoué du monde. En apparence, il était assez beau, avec les bons traits et le nez haut qui appartenaient à la famille ; de bonne taille, plutôt au-dessus qu'en dessous de la taille moyenne, mais pas grand ; bien fait, bien habillé, actif et pas stupide, dans l'ensemble, un écuyer-parson attrayant et agréable, assez bienveillant et peu disposé à être incivil ou désagréable envers qui que ce soit. Il détestait les braconniers par nature, les dissidents qu'il détestait professionnellement, même s'il était trop gentleman pour même les remarquer ; mais pour le reste, il était assez amical avec tous ceux qui ne le dérangeaient pas.

C'était l'homme qui venait au Hall, inquiet et intéressé, pour s'enquérir d'Arthur – se sentant très désolé pour Arthur, mais avec une conscience indistincte mais pas désagréable que d'une manière ou d'une autre l'erreur et l'échec d'Arthur dans la vie devaient être bons pour lui-même. . Il y avait une petite faiblesse chez Hubert : un penchant pour sa cousine Lucie, qui n'avait pas du tout de penchant pour lui. Jusqu'à présent, on ne peut pas dire que cela ait été jusqu'au bout de l'amour, mais il pensait qu'il serait à tous égards très approprié si Lucy et lui pouvaient « s'entendre ensemble ». Sir John aimerait que sa fille s'installe si près de chez lui, et la fortune de Lucy constituerait un ajout très confortable aux mille dollars de Bertie par an ; et puis il l'aimait plus que toutes les filles du coin, mieux que toutes les jeunes filles qu'il pensait modestement qu'il pouvait avoir pour le demander. Il y a en effet, il faut l'avouer, un grand nombre de jeunes filles dans le monde pour qui mille par an est aussi attirant qu'il l'a prouvé à Bertie Curtis, et qui, ne pouvant l'obtenir comme l'a fait Bertie Curtis, doivent « aller « pour » l'ecclésiastique, au lieu d'intervenir légitimement pour les vivants, comme c'est le fier privilège de l'homme de le faire. Mais aucun de ces aspirants ne lui plaisait autant que Lucy, qui n'était pas du tout une aspirante. C'est là que se manifeste la contradiction de la nature humaine. Il aimait Lucy ; mais Lucy ne se souciait pas de lui. Elle n'allait pas jusqu'à détester son cousin, mais elle percevait, comme les filles aux idées fantastiques ont une manière de faire, que les objectifs de Bertie n'étaient pas très élevés ; et il n'était pas assez vieux pour être admiré et pour que ses fautes soient pardonnées comme le bon vieil oncle dont il occupait la place, qui n'était pas plus un curé idéal que Bertie, mais que Lucy ne permettait à personne de critiquer.

Lorsqu'on aperçut le recteur remontant l'avenue le lendemain matin, ni Lady Curtis ni Lucy n'étaient ravies de ce spectacle. « Il vient demander des nouvelles d'Arthur, ce rose des convenances qui n'a jamais rien fait d'imprudent ni ne s'est compromis pour les autres », dit Lady Curtis ; ce qui n'était peut-être pas tout à fait juste ; car Hubert s'était « compromis », si cela lui faisait honneur, assez souvent lorsqu'il était à l'Université, avant que d'être bon ne devienne sa profession. Mais de nombreuses mères et sœurs comprendront les sentiments de Lady Curtis. Ressentir de la sympathie lorsque votre scapegrace est en disgrâce auprès d'un contemporain respectable qui n'a jamais figuré dans les livres noirs de personne au cours de sa vie vertueuse, n'est-ce pas plus que ce que la chair et le sang féminins peuvent supporter ? Ne déteste-t-on pas la jeunesse vertueuse qui a toujours si sagement évité le grand chemin et le vert ? Et Bertie était particulièrement odieuse face à cette haine. Bertie qui fréquentait tous les hippodromes en cravate noire et avait un livre sur chaque grand « événement », et pourtant était toujours aussi convenable, restant dans les limites de l'exactitude du clergé, bien qu'il n'ait jamais prétendu être dévoué à sa profession. S'il avait été un farceur et un hypocrite, il aurait moins offensé ces dames. Ils savaient à quel point il éprouverait de la sympathie pour Arthur, comment il « comprendrait ses sentiments », tout en montrant dans son comportement viril irréprochable à quel point il était faible de la part d'Arthur de se jeter. La première impulsion de Lucy avait été de quitter la pièce lorsqu'elle avait vu apparaître Bertie, mais elle était convaincue de la futilité de sa démarche lorsque Lady Curtis se levait avec impatience. "Voilà Bertie", cria-t-elle, "Lucy, tu t'entends toujours avec Bertie, je ne peux vraiment pas le supporter aujourd'hui."

"Mais vous ne me laisseriez pas seul, pas seul, pour divertir Bertie aujourd'hui."

« Ma chère, qu'importe, c'est votre cousin », dit lady Curtis ; puis elle a changé d'avis et a repris sa place. « Bien sûr, il m'en parlera certainement un jour ou l'autre, aussi bien aujourd'hui que n'importe quel autre jour », dit-elle ; "mais oh, Lucy, de le voir assis là si correctement et convenablement, et mon Arthur—!" s'écria la mère vexée.

"Arthur n'a rien fait de mal", dit Lucy en levant la tête, avec à nouveau cet air de résolution dans les yeux. Lady Curtis ne comprit pas ce regard. Elle en avait peur. Elle se demanda si Lucy avait quelque chose en tête ? Lucy ne voulait pas et ne pouvait pas imiter Arthur. Aucune chance qu'elle dérangerait ses parents avec un amant de bas degré, ou tout autre homme qui n'était pas un gentleman. Mais alors, si Lucy « se mettait quelque chose en tête », ce serait pire que tout ce qu'Arthur pourrait faire. Un tremblement envahit Lady Curtis. C'était déjà assez dur de perdre son fils, mais Lucy semblait désormais tout ce qu'elle avait au monde. Pendant que ces pensées lui traversaient l'esprit, Bertie fut introduite dans la pièce. Il avait appris quelques astuces cléricales, bien qu'il n'assumât pas généralement un comportement clérical. Il prenait la main d'une personne souffrante et la serrait avec une signification silencieuse, avec des yeux pleins de sympathie, et si quelque chose au monde avait pu exaspérer Lady Curtis plus que le simple fait de sa venue, cela aurait été ce regard profondément significatif. des yeux de Bertie.

Cependant, cela fut surmonté, tout comme la pression serrée de la main qui semblait en dire long, et Bertie s'assit. Les dames étaient dans une petite salle du matin qu'elles aimaient, et qui, en été, s'ouvrait sur la terrasse verte ; et là ils habitaient à moitié dehors, dans une sorte d'écrin de pierre formé par deux des piliers qui ornaient la façade de la maison. Les fenêtres étaient très longues et droites, la pièce était meublée luxueusement, dans un goût à peine approuvé par les normes de l'art d'aujourd'hui. Mais ils l'aimèrent pour des raisons très différentes : Lady Curtis parce qu'elle l'avait elle-même meublé, disposé chaque feston des draperies et choisi chaque morceau de mobilier Louis Quinze ; et Lucy parce qu'elle l'avait toujours connu ainsi et ne pouvait supporter aucun détail. changement. Lady Curtis était assise dos à la lumière, pour qu'au moins Bertie ne voie pas l'effet de ses condoléances. Son visage était si sérieux, si sympathique, si plein d'émotion, que peu de gens auraient pu y résister. Il ne dit pas grand-chose tout en leur serrant la main, et après s'être assis, il y eut une pause. Lady Curtis s'était accrochée à son travail lorsqu'il était apparu. C'est une grande garantie pour une femme d'avoir un ouvrage sur lequel elle peut pencher la tête et éviter ainsi l'inspection d'yeux aussi sérieux. "J'ai entendu dire que tu étais rentré à la maison hier", dit-il, "je suis sûr que mon oncle va guérir maintenant que tu es là."

« Papa était-il malade, dit Lucy, pendant notre absence ?

« Malade n'est peut-être pas le mot ; mais on ne pouvait s'empêcher de voir qu'il était très malheureux. Il ira mieux maintenant. Je suis venu au Hall pour voir si je pouvais lui être utile pour l'amuser un peu, mais ce n'était pas moi qu'il voulait. Et comment va Arthur ? J'espère que vous l'avez déjà vu… »

"Oui, merci, je l'ai vu", dit Lucy, "il va très bien. À ma connaissance, il n'y a jamais eu aucun problème avec lui.

« Non, pas avec sa santé bien sûr ; et j'espère, ma tante, que vous étiez plus satisfaite de… cette dame… que nous ne l'espérions… ou plutôt que nous ne le craignions… »

« Si vous parlez de Mme Arthur, dit Lady Curtis en se forçant à prononcer ces mots avec régularité, je ne l'ai pas vue, Bertie. Je ne voulais pas la voir ; je ne peux donc vous donner aucune opinion à ce sujet.

« Non, » dit-il doucement, « je ne voulais pas d'opinion. J'espérais seulement que vous aviez été — content, ou, du moins, moins mécontent — que nous ne le pensions. Je suppose qu'ils sont partis à l'étranger ?

"Je suppose que oui", dit Lucy plutôt tristement. Cette interrogatoire lui était également insupportable ; mais elle n'était pas d'un caractère impatient comme sa mère ; en conséquence, pendant que Lady Curtis fulminait, c'était Lucy qui devait parler.

« Ce sera une bonne chose », a déclaré le révérend Bertie, « tant de choses peuvent être faites à l'étranger. C'est vraiment l'endroit où aller lorsqu'on souhaite un peu de polissage. Le fait même de vivre parmi des étrangers est bon pour la culture, et Arthur lui-même a de si bonnes manières. J'espère que vous ne considérerez pas cette question comme impertinente… mais j'espère, ma chère tante, qu'il n'y a pas de brèche ouverte ?

« Qu'entendez-vous par une brèche ouverte ? dit-elle avec indignation. « Vous parlez comme si Arthur avait assassiné quelqu'un. Si vous me dites clairement ce que vous voulez savoir, je m'efforcerai de vous donner toutes les informations nécessaires.

« Ma chère tante ! n'est-ce pas naturel, j'aimerais savoir ? Arthur et moi avons toujours été de bons amis. Dans des circonstances plus heureuses, j'aurais dû l'épouser, ou aider à l'épouser ; vous ne pensez sûrement pas que ce soit une simple curiosité vulgaire. Je ne cache pas que j'aimerais savoir.

Lady Curtis a laissé son travail de côté. Elle ne parvenait pas à conserver une apparence de calme. « Je suis sûre que vous avez de très bonnes intentions, Bertie, » dit-elle (même si, en effet, elle n'en était pas du tout aussi sûre). « Et peut-être que je ne suis pas aussi patient que je devrais l'être. Je ne peux pas parler à mon garçon comme s'il était un étranger. Arthur a été très stupide… »

« Vous pensez que je ne comprends pas, dit le recteur, pensez-vous que je suis si insensible ? Je sais combien cela doit être dur, et Sir John est très sévère. Mais après tout, ce qui est fait ne peut être défait. Les choses de ce genre se révèlent si souvent meilleures que prévu. C'est pourquoi je voulais savoir si vous aviez vu la dame. Si elle a du bon sens, tout pourrait bien se passer, et c'est effectivement possible : les femmes sont si rapides, elles comprennent si vite les choses. J'aimerais que tu me laisses te persuader de prendre un peu de réconfort. Les choses ne sont peut-être pas aussi mauvaises qu'elles le paraissent.

Tout cela était si bien dit que même la mère méfiante ne pouvait formuler aucune objection. Après tout, ce qui lui reprochait surtout, c'était qu'il *n'était* pas dans un nuage, qu'il n'avait pas fait un mariage imprudent ; et il était difficile de refuser sa bonté et de le traiter comme un ennemi pour cette raison. Lady Curtis, qui était changeante en raison de son caractère colérique et de ses sentiments, fondit d'un seul coup et lui ouvrit son esprit – son esprit du moins, sinon son cœur.

« Si elle avait été une fille dotée de sentiments, comment aurait-elle pu se marier ainsi ? » elle a pleuré. « Pas un seul ami avec lui, son père et sa mère se tenant à l'écart. Non, Bertie, c'est très gentil de ta part de le dire, mais je n'ai aucun espoir. Notre garçon est perdu pour nous. Bien sûr, quand nous serons partis, il viendra prendre sa place ici, et elle prendra ma place, ce qui n'est pas une chose agréable à imaginer ; mais entre-temps, nous avons perdu notre garçon.

« En effet, il ne faut pas le croire, dit le recteur, quand le premier engouement sera passé, Arthur reviendra. Il ne sera pas heureux dans un domaine si différent. Tu lui manqueras – Lucy lui manquera – et toutes ses anciennes habitudes. Dans… combien de temps dois-je dire ? dans un mois, six semaines, il reviendra et vous demandera pardon.

"J'espère qu'il n'aura pas si peu de perception", dit Lady Curtis, le visage rouge. « Vous parlez comme s'il s'agissait d'un cas dans lequel une telle conclusion était possible ; et il y a sans aucun doute de tels cas ; mais cette fille… cette fille est… Ne me demandez pas… comment puis-je vous en dire toutes les impossibilités ? Je les vois et je sais qu'Arthur est perdu pour nous. Comme le dit son pauvre père, « autant qu'il soit mort ! » »

Lucy n'avait rien dit, mais Lady Curtis vit sans regarder que sa fille n'était pas de son côté. La tête de Lucy était très droite – sa bouche était fermement fermée, comme si elle se retenait ; il y avait une certaine résistance dans l'équilibre de cette tête et du mécontentement dans la bouche. Lady Curtis s'arrêta net après avoir répondu à son neveu, et se tournant brusquement vers sa fille, elle éclata : « Dis ce que tu veux dire, Lucy, dis ce que tu veux dire ! Je préférerais qu'on me dise n'importe quoi plutôt que de te voir le garder pour toi et mépriser ce que dit ta mère.

« Comment pourrais-je mépriser ce que tu dis, maman, » dit Lucy, « ou ce que tu penses non plus ? Mais j'aimerais que Bertie sache que je ne peux pas blâmer Arthur comme le font les autres. Il a terriblement tort sur certaines choses ; mais nous ne pouvons pas du tout dire qu'il a tort dans ce qui est grand. Maman, je n'y peux rien, je ne veux pas te vexer. Pour tout ce que nous savons, elle pourrait être la seule épouse au monde pour Arthur ; et quand il lui avait été promis, qu'il lui avait été promis, qu'il avait obtenu son amour et lui avait donné le sien, j'aurais haï mon frère s'il l'avait abandonnée. Oui, je sais que vous serez en colère, mais je n'y peux rien. J'aurais pu être heureux d'une certaine manière – cela aurait peut-être été mieux pour la famille ; mais j'aurais dû le haïr et le mépriser. Il n'aurait plus jamais pu être Arthur pour moi – cela, en effet, aurait été aussi grave que mourir », a déclaré Lucy avec insistance, le feu dans les yeux.

Lady Curtis était si émue de mécontentement qu'elle trouvait à peine les mots pour répondre. « Toi, Lucy, toi ! aller se mettre du côté d'une telle créature.

« Je ne me mets pas de son côté, mais Arthur n'a rien fait d'irrémédiable, je ne peux pas, je ne peux pas permettre qu'on le dise ! Oh, idiot, idiot ! imprudent, méchant, mal avisé, quoi que vous vouliez, dit-elle, mais il n'a rien fait contre son honneur ni contre la nature. Il peut s'en repentir amèrement ; mais ce qu'il a fait n'est pas irrémédiable, je ne peux pas le faire dire.

« Tout cela par amour », dit pensivement le recteur avec un demi-sourire, « et le monde est bien perdu !

"Je ne veux rien dire d'absurdité", dit Lucy, rougissant vivement de la honte de la jeunesse d'être supposée capable de sentiments de haut vol. « Je parle simplement de vérité et d'honneur. Qu'est-ce qu'un homme qui ne tient pas sa parole ? qui peut être secoué par l'interférence d'autrui des engagements les plus solennels qu'un homme puisse prendre ? Je n'y avais pas pensé en quittant la maison. Cela semblait être une façon de sortir Arthur d'une situation stupide – comme vous le faisiez lorsqu'il était impertinent à Eton – et lorsqu'il avait des ennuis à cause de son travail. Mais là c'est différent : un homme doit tenir parole.

« Quand il a fait des promesses folles qui le ruineront – quand il est trompé dans ses vœux, il ne le pense pas – quand il prend des engagements qui seront le tourment et la destruction de sa vie ?

« Je... je... le suppose... quand il aura donné sa parole », dit Lucy, bouleversée par la véhémence de sa mère et par le sentiment soudain que même à ce sujet, qui semblait si distinct, il y avait un deuxième côté.

CHAPITRE XV.

«J'espère que vous n'êtes pas contrarié par l'intérêt que j'y porte», dit le recteur. « Je crains que ma tante ne le soit, mais pourquoi, je ne peux pas imaginer ; mais, Lucy, j'aimerais que tu me fasses confiance et que tu me dises ce que tu peux. Qui a plus de droit que moi de s'intéresser ? Cela ne veut pas dire que j'ai aimé Arthur toute sa vie et qu'il est déjà l'un de mes plus proches parents, tout près d'un frère.

Il y avait quelque chose dans la façon dont il prononçait ce « déjà » qui réveillait Lucy, elle ne savait pas trop pourquoi. Cela semblait laisser entendre qu'il existait encore des liens plus étroits possibles. Elle l'interrompit précipitamment.

«Je n'aurais jamais su qu'Arthur et toi étiez de si bons amis. Oh oui, cousins, bien sûr. Mais cousin signifie presque tout, beaucoup ou peu, comme les gens aiment.

"Ce n'est pas un discours très gentil", a-t-il déclaré. « J'ai toujours pensé que j'avais un certain droit sur Arthur et sur toi ; mais quand tu dis ça...

«Je ne veux rien dire de méchant, mais c'est ainsi. Quand les gens ont été élevés ensemble, c'est différent. Le grand ami d'Arthur, dit Lucy avec fermeté et décision, quoique avec une légère couleur supplémentaire, qui est comme un frère pour lui, est M. Durant.

Le recteur sourit.

« Vous me snobe sans pitié, dit-il, et je ne sais pas non plus pourquoi. Je suppose que tu veux dire qu'Arthur ne se soucie pas de moi. Eh bien, bien sûr, s'il en est ainsi, il faudra l'accepter. Durant? oui, Durant, je sais, était son grand allié ; mais comme ils ont perdu tout leur argent, je pensais que Durant ne pouvait pas se permettre d'entretenir une amitié vaine ; c'est du moins ce qu'on a dit.

« Il a été très gentil avec Arthur. Je ne sais pas si vous appelez cela une amitié vaine.

« Ma chère cousine Lucy, je ne veux pas dire un mot qui te soit désagréable. Si vous pensez que Durant est un meilleur ami pour Arthur que moi… »

« Je ne disais pas ce que je pensais, ni ne donnais d'opinion sur le meilleur ou le meilleur. Je parlais seulement du fait.

« Eh bien, qu'il en soit ainsi, » dit-il avec un soupir ; mais, en tout cas, vous ne nierez pas qu'il y a peu de gens pour qui Arthur et sa femme puissent être plus importants à l'avenir. Nous vivrons probablement nos vies côte à côte.

"Tu veux dire après papa..."

« Maintenant, tu es à nouveau en colère contre moi ! Cela prendra peut-être des années et des années, et j'espère que ce sera le cas ; mais selon la nature, et mon oncle serait le premier à le souhaiter, Arthur lui succédera. Nous sommes tous deux beaucoup plus jeunes que Sir John ; et je suppose que je suis ici pour la vie… à moins que tu ne sois méchante avec moi, Lucy, et que tu me rendes indifférent à tout, dit-il en baissant la voix.

Elle n'y prêta attention qu'en accélérant le pas et en s'éloignant insensiblement un peu plus de lui. Ils descendaient ensemble vers le village, où Lucy avait ses vieilles femmes préférées à voir après son retour à la maison. Elle n'avait aucune excuse pour refuser l'escorte de son cousin, et pourquoi devrait-elle la refuser ? Il était très gentil; il n'y avait rien en lui à quoi aucune femme puisse s'opposer. C'était son propre parent proche, et leur comportement était le même jusqu'au village, et elle l'aimait assez. Pourquoi tout le monde dans la salle avait-il cette méfiance inexprimée et naissante à l'égard d'Hubert Curtis ? Lucy ne pouvait pas le dire ; et peut-être n'était-il pas nécessaire d'avoir un tel sentiment pour expliquer son petit mouvement de fierté à part, son léger retrait lorsqu'il parlait sur ce ton de tendresse sourde. Elle ne voulait pas que son cousin se montre tendre envers elle, et il était donc tout naturel qu'elle se retire.

«Je suppose que vous avez raison», dit-elle. « Bien sûr, tu es beaucoup plus jeune que papa ; mais on est choqué de penser à ce qui peut arriver quand il… Je préfère, pour ma part, n'y pas penser. Oui, » continua Lucy avec cette soudaine incohérence qu'elle tenait de sa mère ; « bien sûr, Arthur et sa femme seront importants pour vous lorsque nous serons tous loin de la salle ; et tu as le droit d'entendre tout ce que je peux te dire. Eh bien, cousine Bertie…

« Ne puis-je pas protester contre cela ? il a dit. «Tu n'es pas gentille avec moi, Lucy. Quel air de curiosité égoïste, intéressée et professionnelle vous mettez sur le simple sentiment que j'ai exprimé !

À cela, Lucy rougit une fois de plus ; car se croire capable d'attribuer des motifs vils, n'était-ce pas aussi mauvais que d'être soi-même bas ?

« Je vous demande pardon, dit-elle ; « Peut-être que je suis un peu tordu… dans le mauvais sens. Comment peut-on y remédier, alors que tout est devenu si contraire ? Eh bien, je vais vous dire tout ce que je sais, et vous devrez me pardonner si j'ai été désagréable.

"Vous n'êtes jamais désagréable", dit-il, encore une fois sur ce ton répréhensible et avec un monde de significations répréhensibles, "pour *moi*."

Lucy s'éloigna un peu de lui, comme si elle avait été poussée par le vent, mais continua à ne pas prêter attention à l'interruption.

«Je l'ai vue, un instant. Oui, je pensais que tu serais surpris. Elle est très belle ; et j'avais des préjugés – bien sûr, j'avais des préjugés. Je pensais, comme le font toujours les femmes, je suppose, qu'elle avait l'air audacieuse, pas comme une fille devrait le faire. Je n'ai aucun doute, dit Lucy avec un soupir, qu'elle pensait la même chose de moi.

"Personne ne pourrait penser ça de toi."

« Oh, peut-être pas ça, mais quelque chose de tout aussi désagréable. Elle pensait très probablement que j'étais fier. Elle ne m'a pas parlé. J'ai dit que j'espérais qu'elle serait heureuse, " dit Lucy en baissant la voix, " et j'espère que je le pensais, mais je ne suis pas tout à fait sûre. Bien sûr, je souhaite qu'Arthur soit heureux, et il ne peut l'être que si sa femme l'est. Cela rend donc mon souhait tout à fait sincère.

« Et elle ne t'a pas parlé ! Elle ne pensait pas que ce fût un honneur, le plus grand honneur qu'on pût lui faire…

« Pourquoi devrait-elle considérer que c'est un honneur ? C'était le jour de son mariage. Elle a été la première personne à laquelle on a pensé. Et je ne voulais pas la voir, du moins, lui parler. Je ne voulais pas dire qu'Arthur devait me découvrir. Oh!" s'écria Lucy avec un soudain regret, je retire tout ce que je viens de dire. Lorsqu'elle est entrée dans l'église, avant de savoir que j'étais là, elle n'a pas eu l'air audacieuse. Elle était belle, oui, belle ! heureux et sérieux, et ne pensant pas à qui était là. Je pense simplement que c'est à quoi devrait ressembler une jeune fille qui va se marier, » dit Lucy, avec un doux manteau de couleur, moins qu'un rougissement, impersonnel, signifiant le doux frisson de la camaraderie, rien de plus.

— Mais après, tu la trouvais audacieuse ? Qui est-elle ? Avez-vous vu son peuple ? A-t-elle du monde ? dit Bertie, "c'est presque aussi important qu'elle-même."

Lucy eut un léger frisson, qui ne fut pas rejeté sur son compagnon. Elle avait à peine vu le reste des Bates à l'époque, mais maintenant les particularités des autres membres du groupe semblaient lui revenir avec la mémoire rétrospective que possède l'excitation. Elle pouvait les voir maintenant – le père minable sur lequel s'appuyait cette belle fille, la mère dans son châle Paisley et la désinvolte Sarah Jane. C'étaient les « gens » de la femme de son frère. Elle ne répondit rien et sa cousine continua.

« Quelle bénédiction qu'une si grande partie du domaine soit impliquée ! Les radicaux peuvent parler à leur guise de la loi de l'implication, mais combien de vieilles familles seraient entretenues sans ? Heureusement, aussi en colère que soit mon oncle, il n'a aucun pouvoir pour punir Arthur ; du moins, ce ne peut être qu'une punition modérée. Tant qu'il a Oakley… »

« Il n'a pas Oakley, cousin Bertie. J'aimerais que tu ne parles pas toujours du moment où papa sera parti. Nous pouvons tous être partis avant lui pour tout ce que nous savons ; » et encore une fois elle passa ses deux doigts sous les plis de sa veste chaude pour détourner le présage. Le recteur capta le mouvement et rit.

«Tu es superstitieuse, Lucy. Pourquoi me fais-tu ce signe mystique ?

«Je ne suis pas superstitieux, c'est pour éviter la superstition;» dit-elle rapidement, avec l'idée qu'elle donnait une raison. « Mais je n'aime pas une conversation qui est entièrement consacrée à ce qui se passera lorsque papa sera…, ou qui parle de mon frère comme si… Vous pouvez me trouver fantaisiste s'il vous plaît, mais je n'aime pas ça. Je ne devrais pas vous parler de celui d'oncle Anthony.

Elle ne prononçait pas les mots mort ou mourir, mais les laissait à l'imagination.

« Vous pouvez me dire ce que vous voudrez », dit doucement le recteur avec un sourire, et en ce qui concerne la mort de *son* père, n'importe qui aurait pu en discuter. Le général Curtis n'avait pas grand-chose à laisser, ce n'était pas sa fin qui apporterait un grand changement d'une manière ou d'une autre dans le monde. Ses fils recevraient leur misère, et il n'en serait plus question. Elle pourrait en parler aussi longtemps qu'elle le voudrait, et les sentiments du recteur n'en seraient pas beaucoup affectés. Mais ce n'était pas l'impression qu'Hubert Curtis souhaitait produire sur son cousin. Il voulait dire *que vous* pouvez dire ce que vous voulez, *vous* êtes privilégié, il n'y a rien que je n'accepterais de *vous* .

Mais à ce moment-là, ils étaient arrivés au bout de l'avenue. Le presbytère était la maison la plus proche. C'était une très belle maison de briques rouges, pas plus vieille que l'époque de la reine Anne, située à quelques pas de la route, à moitié cachée dans ses arbustes, bien entretenue, gracieuse et confortable. Le fronton de la façade dépassait les arbres les plus bas et était abrité et encastré dans les arbres les plus élevés. Un vieux cèdre noble étendant ses longs bras croisés sur la route se tenait près de la porte. Toutes sortes d'arbustes à fines fleurs se trouvaient en touffes devant la maison : certains brillaient d'un feuillage persistant sombre, et d'autres perdaient rapidement leurs feuilles multicolores. Il y avait quelque chose en forme de sculpture ornant le fronton, et les tigres d'Oakley rampaient sur les poteaux de la porte ; tandis que derrière s'étendait un grand enclos, plein, apparemment, de beaux arbres. C'était aussi bon que beaucoup de maisons de châtelains du pays, l'un des plus beaux spécimens existants d'un presbytère anglais. À environ un quart de mille de distance se trouvait le village, un endroit aussi soigné et soigné que le sont les villages qui vivent en bon voisinage avec un riche seigneur du manoir et un recteur exigeant - leurs jardins, leurs fenêtres, tout était en bon état. commande. Il y avait encore des fleurs, des chrysanthèmes et des dahlias, et quelques pâles roses mensuelles. L'extrémité la plus proche de la salle et du presbytère était une sorte de place bâtie sur trois côtés. Les maisons étaient vieilles, avec des toits hauts, recouverts de ces tuiles tendres brun-rouge sur lesquelles poussent les lichens, et rien de plus pittoresque. Une rangée de petits hospices anciens, plus anciens que le Presbytère ou le Hall, se trouvait d'un côté, de l'autre se trouvait l'Exchange, la Regent Street d'Oakley. Ici se trouvaient l'auberge, une auberge de campagne rustique avec une enseigne sur un poteau devant elle, et le bureau de poste, avec des motifs de laine berlinoise dans sa petite vitrine en saillie, et le magasin où l'on pouvait tout acheter. C'était un endroit si civilisé qu'à la poste il y avait une petite bibliothèque circulante, principalement de romans ; et à peine moins innocent était le salon de l'auberge où l'on prenait deux journaux, et où les hommes du village venaient comme dans un club, pour voir s'il y avait des nouvelles. Les restes d'une ancienne croix se dressaient au centre de cette petite place. Il a été réduit à un simple poteau de pierre, avec des gravures à moitié illisibles, et plus récemment quelqu'un avait construit une fontaine à proximité, profitant de l'ancien puits qui existait là depuis des temps immémoriaux. La fontaine à eau était en mauvais état, comme les fontaines à eau ont tendance à l'être, mais lorsque les chevaux s'arrêtèrent pour boire à l'abreuvoir et que quelques personnes vinrent avec des cruches d'un après-midi pour l'eau, qui était très célèbre pour faire du thé, avec la vieille pierre brisée de la croix se dressant dans le ciel bleu au-delà d'eux, c'était un spectacle assez agréable. Mais tout était gris avec le froid de novembre. Peu de monde était dehors, mais l'après-midi commençait à s'éclaircir à travers la brume, promettant un temps meilleur.

«Je vais aux hospices», dit Lucie en s'arrêtant décidément pour prendre congé de son compagnon.

«Je marcherai avec toi jusqu'à la croix», dit-il. Et comme ils approchaient des fenêtres du village, plus d'une bonne femme, heureuse même de ce léger incident qui aurait pu passer l'après-midi, vint les regarder à travers le store de mousseline et décida qu'il en résulterait quelque chose. "Et je ne devrais pas me demander si ce sera bientôt", dit la couturière du village en se levant pour répondre à l'appel de son assistante, "car un mariage en amène un autre."

"Oh, est-ce vrai puisque ce n'est qu'une pauvre fille que le jeune Squire a épousée ?" » demanda à mi-voix l'assistante, qui était aussi jeune et jolie, et se souvint que le jeune Squire avait regardé plus d'une fois par la fenêtre en passant. "C'était peut-être *moi* !" Se dit-elle.

"Il y a cette jupe à finir, Miss Cording", dit péremptoirement la couturière. Elle se piquait de ne laisser dire aucune bêtise entre ses jeunes dames. Lucy ne connaissait pas les yeux qui étaient fixés sur elle, ni les suppositions dans l'esprit de tout le monde. Elle marcha d'un pas très tranquille jusqu'à la croix, puis se retourna et dit au revoir à son cousin.

«J'ai aussi des gens à voir dans les hospices», dit-il. "Je vais continuer avec toi."

«Je ne savais pas que tu y étais allé», dit Lucy. Elle connaissait mieux les pauvres que lui et faisait effectivement un travail de vicaire et épargnait (bien que sans le vouloir) bien des ennuis au recteur.

"Vous me faites passer pour pire que je ne le suis", dit-il, avec une rougeur inquiète sur le visage. « Peut-être que je n'aime pas les pauvres comme vous le faites : je n'ai pas été élevé dans ce sens ; mais je ne suis pas aussi étranger à la paroisse que vous le pensez.

«Je n'y ai rien pensé», dit calmement Lucy; et c'est peut-être ce qu'il ressentait le plus dur de tous.

Sir John entra dans le salon de sa femme après que ces deux jeunes gens eurent parcouru l'avenue. Il était agité et venait trois ou quatre fois par jour sans aucune raison, si ce n'est l'agitation d'un esprit troublé. Il s'approcha de la fenêtre près de laquelle elle était assise pour éclairer son travail, car lady Curtis n'était plus aussi jeune qu'elle l'avait été autrefois, et ses yeux, comme elle le disait, allaient. Elle n'avait pas eu le courage de sortir et d'affronter l'air humide et la longue et morne avenue avec Lucy. Elle était assise là, assez tristement seule, essayant de penser qu'elle s'intéressait à ses équipages. Sir John ne dit rien en entrant, mais s'approcha de la fenêtre et regarda dehors avec des yeux qui semblaient ne rien voir. Mais ils virent quelque chose, car il dit au bout d'un moment :

« Est-ce Bertie qui a parcouru l'avenue avec Lucy ? Que lui veut-elle ?

«Rien», dit Lady Curtis. "Elle allait au village, et lui retournait au presbytère."

« Que lui veut-il alors ? » dit Sir John, vous ne devriez pas la laisser se promener dans le pays avec un homme égaré qui pourrait surgir.

"C'est son cousin, John - elle peut sûrement marcher dans l'avenue avec son cousin - alors qu'ils suivent tous les deux le même chemin."

"Oh oui," dit-il; « Certainement, quel mal cela peut-il y avoir ? Jusqu'à ce que tu découvres peut-être tout à coup qu'un autre mariage a été concocté sous ton nez et qu'un autre de tes enfants s'est jeté.

« En avez-vous vu des signes ? Devrais-tu ne pas l'aimer, John ? Je suis si heureux! J'avais presque peur que vous pensiez – favorablement à son égard – à quelque chose de ce genre.

"JE!" il alla de la fenêtre au feu et s'appuya contre la cheminée, lui tournant le dos. De là, il parlait lentement, pérorant à son aise, et il lui était si agréable d'avoir un auditoire et d'avoir de l'attention, qu'un sentiment de soulagement et de réconfort, pour ne pas dire de chaleur, s'infiltrait dans tout son être. « Je n'aime pas les pasteurs, dit-il. Je ne leur fais jamais confiance : on ne peut pas savoir ce qu'ils recherchent. Il peut s'agir de votre argent destiné à des œuvres caritatives, ou de votre fille ; et on ne sait jamais de quoi il s'agit. Et Bertie est tellement pire qu'un curé ordinaire qu'il ne fait même pas semblant d'aimer son métier. Il n'a pas été élevé dans ce domaine, pas assez jeune. Il a donc ses propres vices pour commencer, et les vices du curé les recouvrent. Je n'aime pas ton loup déguisé en mouton.

« Peut-être sommes-nous durs avec lui, John. Le pauvre garçon, ce n'était pas sa faute s'il avait été mis dans l'Église ; ce n'est pas sa sphère agréable.

"Il aurait dû être sur le terrain", a déclaré Sir John. « Si j'avais connu quel genre d'homme il était, malgré les traditions de la famille, il n'aurait pas dû gagner sa vie ; et si cela ne nous dérange pas, il aura aussi notre fille.

"Oh non!" » dit Lady Curtis. "J'avais à moitié peur que vous le *souhaitiez*, et j'étais affligé de votre déception."

"Déception!" » répéta-t-il à nouveau, puis après une pause, il dit avec sérieux : « Ma dame, il ne doit y avoir aucune bêtise à propos de Lucy. Il ne doit pas y avoir de deuxième *fiasco* dans un mariage. Vous n'êtes pas une duègne, et je ne veux pas que vous vous comportiez comme si on ne pouvait pas lui faire confiance ; mais après tout, qu'est-ce que Lucy sinon une fille comme les autres ? Il faut s'occuper d'elle ; il ne doit y avoir aucune absurdité à son sujet. Si Arthur s'était comporté comme il le devait, cela aurait pu être différent ; mais Arthur a été un imbécile, et c'est fini, et cela change sa position.

« John, » dit précipitamment Lady Curtis, « vous ne ferez rien sans considération ? Je ne défends pas Arthur, mais tu ne feras rien sans y réfléchir sérieusement ?

"Que pensez-vous que je puisse faire?" » demanda-t-il avec une certaine amertume. « Rien, ou presque rien. Oh non, il fera tout à sa manière. Mais la position de Lucy change tout de même. Elle est pour ainsi dire la seule que nous ayons. Si le célibat ne répondait jamais, je l'attacherais pour qu'elle ne se marie pas, au moins, de notre vivant.

« Oh, Jean ! » s'écria lady Curtis dans l'extrême surprise.

"Eh bien pourquoi pas? Ce serait bien plus agréable pour vous et moi. Je déteste qu'une fille se marie, perde la tête, comme tout le monde, et s'oublie pour une pauvre créature d'homme. Seigneur, s'ils savaient ce que sont les hommes qu'ils prennent pour quelque chose d'au-dessus du commun ! Je ne pense pas que je pourrais supporter de voir ma Lucy flirter et sortir avec un gars, qui ne vaut probablement pas un mot de sa part. Mais le célibat, je suppose, ne répond pas ; du moins, il n'est pas censé répondre, surtout pour les femmes. Un homme peut s'en sortir assez bien.

« Un grand nombre de femmes s'entendent assez bien ; mais vous ne pouvez pas le souhaiter, John, vous ne pouvez sûrement pas le souhaiter. Est-ce pour nous trouver une compagne que vous voudriez que Lucy, la pauvre enfant, donne sa vie ?

"C'est absurde", a déclaré Sir John. « La vie est bien plus que le mariage. C'est la folie des femmes. Rien ne les rattrape pour cette seule chose. Ils se sont mis en tête que l'amour – l'amour et le mariage – est tout ce à quoi la vie est bonne. Des bâtons de violon ! Regardez tous les hommes dans les clubs. Ce sont pour la plupart des hommes célibataires et ils mènent une vie assez agréable. Un homme marié, malgré tous ses soucis, ne peut pas les aborder. Ils passent des moments beaucoup plus joyeux que moi, par exemple.

« Mais Lucy, notre Lucy ! Tu ne voudrais pas qu'elle soit comme un de tes vieux *roués* du club ! s'écria Lady Curtis, moitié horrifiée, moitié riante.

« Ce ne sont pas *des roués* ; c'est une autre de vos fantaisies. Ce sont de bons vieux camarades, dont beaucoup ont de grands intérêts dans le pays. Maintenant, pourquoi, dis-je, une femme ne pourrait-elle pas aussi bien réussir sans être mariée ? Il y aurait beaucoup de choses à apprécier pour elle. Si elle n'avait pas son club, elle aurait autant de société qu'elle le pourrait ; et elle pourrait voyager, si cela lui plaisait, autant que n'importe quel homme, et voir la vie ; et elle pourrait faire un bien infini, si c'était son tour. Regardez Miss Coutts.

"Et c'est la vie que tu choisirais pour Lucy!" s'écria sa mère. «Es-tu perdu, John? Pas de mari bon pour elle, comme celui que tu as été pour moi ; pas d'enfants à grimper autour d'elle…

"Peuh!" » dit Sir John. « Quant au bon mari, c'est un de vos jolis discours, ma dame, et vous vous moquez peut-être de moi, pour autant que je sache ; et les enfants… pour la traiter comme Arthur nous a traités, vous et moi ! Avons-nous déjà refusé quelque chose de raisonnable à ce type ? Non, je ne dis pas que cela suffirait, j'ai seulement dit que je l'attacherais si je le pouvais, si cela avait été réalisable ; et je crois que cela aurait été une grande bénédiction pour nous tous – pour elle aussi, si elle avait pu le penser ; mais je ne pense pas qu'elle l'aurait pensé, » et, avec un soupir, il s'éloigna.

FIN DU PREMIER VOLUME.